Ernst Mendelssohn-Bartholdy
Amerika-Reise 1869

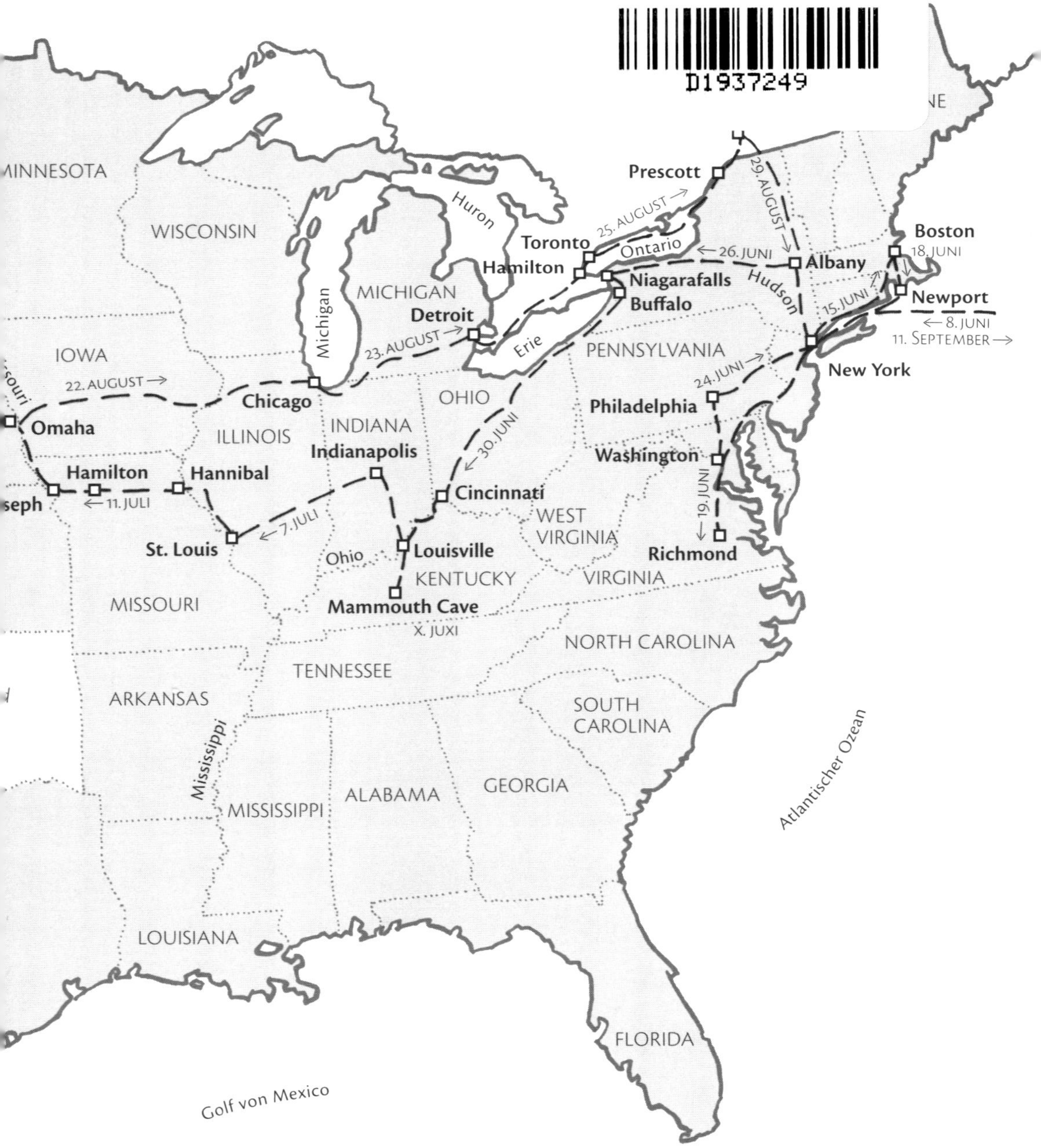

Von New-York nach San Francisco

HASKALA

Wissenschaftliche Abhandlungen

Herausgegeben vom
Moses Mendelssohn Zentrum
für europäisch-jüdische Studien

Band 41

Georg Olms Verlag
Hildesheim · Zürich · New York
2009

Ernst Mendelssohn-Bartholdy

Von New-York nach San Francisco

Flüchtige Reiseskizzen aus dem Jahre 1869

Herausgegeben von
Karin Bürger und
Sebastian Panwitz

Mit einem Nachwort von
Sebastian Panwitz

Georg Olms Verlag
Hildesheim · Zürich · New York
2009

Titelfoto: Bildarchiv Preussischer Kulturbesitz (bpk): „Nachtexpress New York – Boston", Lithographie nach einer Zeichnung von Fanny Palmer 1863.
Porträtfotos: Privatbesitz

Gedruckt mit Unterstützung der Moses Mendelssohn Stiftung.

Die Deutsche Nationalbibliothek verzeichnet diese Publikation in der Deutschen Nationalbibliographie; detaillierte bibliographische Daten sind im Internet über http://dnb.ddb.de abrufbar.

Typografie, Satz: Friedrich Althausen, Weimar
Schrift: Vollkorn von Friedrich Althausen, Cronos von Robert Slimbach
Herstellung: Hubert & Co., Göttingen

www.olms.de
ISBN 978-3-487-14287-6
ISSN 0943-4364

Hurray für „the old country!“

Ernst Mendelssohn-Bartholdy, ca. 1877

An Bord der „Scotia“[1].

Sonnabend, den 5. Juni 1869.

Liebste Eltern!

Ich kann es nicht erwarten, mit Euch erst vom festen Lande aus zu plaudern, und beginne daher diesen Brief, wenn auch nicht auf schwankenden Füßen, so doch auf den schwankenden Sitzen des atlantischen Schiffes, um ihn in New-York zu vollenden.

Und laßt mich dieses erste Lebenszeichen aus der neuen Welt mit einem herzlichen Gruße beginnen!

Ich befinde mich, indem ich dies schreibe, am 6ten Tage seit ich das feste Land verlassen, und voraussichtlich am 3ten vor dem Zeitpunkte, an welchem ich es wieder betreten werde. Nach Norden geht es direct zum Pol hinauf, nach Süden zum Aequator; die kleinste Entfernung nach dem Lande ist 900 Meilen: es ist ein merkwürdiger Gedanke für eine Landratte wie mich, in solcher Lage einen Brief zu verfassen, und doch nicht merkwürdiger wie der, mich überhaupt in solcher Lage zu befinden. Neu und ungewohnt, wie die lange Gemeinschaft mit dem Ocean, ist mir auch das Schiff, Schiffsleben und die Gemeinschaft mit den Mitreisenden: Alles ist so sonderbar, eigenthümlich und interessant, wie ich es mir vorgestellt habe, als ich vor einem Jahr mit Dir, liebe Mutter, in Hamburg einen amerikanischen Dampfer besah, und mir seine Cabinen, Salons, und seine ganze Einrichtung das Leben, wie ich es nun selbst mitmache, geistig vor Augen brachten. Als ich damals so recht ernsthaft den Wunsch äußerte: „Wenn ich doch mit einem solchen Schiffe einst eine solche Reise machen könnte“, und Du dann halb lachend sagtest: „Thue es doch“! – damals glaubten wir Beide eine Unmöglichkeit ausgesprochen zu haben. Jedes Mal, wenn ich nun daran denke, wie diese Unmöglichkeit sich in so kurzer Zeit verwirklicht hat, bin ich nahe daran, vor Vergnügen einen Luftsprung zu machen!

Aber nun zu Facten und Statistik, – die habt Ihr, mehr als Erinnerung, ein Recht von mir zu verlangen. Laßt mich Euch also unsere bisherige Fahrt beschreiben.

Wir* verließen, meinen letzten brieflichen Nachrichten gemäß, um 11 Uhr früh am vorigen Sonntag in einem Dampf-Tender die Küste und kamen nach einer etwa halbstündigen Fahrt durch den prächtigen Hafen – derselbe soll der zweitbedeutendste für Englands Kriegs-Marine sein – an Bord der „Scotia", welche am Eingange des Hafens geankert hatte. Die Passagiere, welche sich schon seit Liverpool auf dem Schiffe befanden, standen alle auf dem Verdeck, und musterten die Ankömmlinge, als sie einzeln die Treppe hinaufstiegen, mit einem solchen Maaße von Neugier, wie sie nur eine 18stündige Meerfahrt, welche dem Auge nichts als Meer und Wasser bietet, veranlassen kann. Nachdem man dieses Kreuzfeuer von oben her passirt hatte, kam man in Sicht des allgewaltigen Capitains[2], der sich mit seinen ersten Offizieren der Mündung in dem Bord, durch welche man hinein kam, gerade gegenüber aufgepflanzt hatte, und mit seinem schneeweißen Haare, dicken Bauche und seiner, für den Zweck des ersten Eindrucks auf die schüchternen Unterthanen angenommenen, wichtigen Miene paradirte. – Der alte Seeheld ist nicht gerade der angenehmste Mann; er fühlt sich allzusehr in seiner absoluten Herrschaft; seine Offiziere bilden sich natürlich nach ihm und sind sehr unum- und unzugänglich; und um auch gleich von den übrigen an Bord lebenden Wesen, unsern Mitpassagieren zu reden, so sind von diesen letzteren nur sehr wenige, über die man nicht ein gleiches Urtheil, wenn auch aus andern Gründen, fällen müßte.

Es sind meistentheils Amerikaner, eingeborne Yankees, von schlechten Manieren und geringer Bildung; einzelne Deutsch-Amerikaner, d. h. früher in Amerika Eingewanderte, sind erst recht schlimm, und nur eine Person ist geeignet, wirkliches Interesse zu erregen: das ist der alte Peabody, der berühmte Philanthrop, der sich so sehr durch Wohlthätigkeit ausgezeichnet und erst kürzlich eine Million Pfund Sterling an die Armen geschenkt hat. Aber selbst dieser übt, freilich sehr unverschuldeter Weise, einen störenden Einfluß für uns aus: er leidet nämlich an einem entsetzlichen Krampfhusten, der uns, da seine Cajüte dicht neben der unsrigen ist, nur allzuoft an sein Dasein erinnert. Unter den Damen sind einzelne ganz niedliche Mädchen, mit

---

* Mein Vetter und Reisegefährte Ernst Westphal und ich. Der Ort unserer Einschiffung war Queenstown, an der Südküste von Irland.

denen ich im Anfang anzuknüpfen versucht habe; aber leider wurden sie bald fast ausschließlich seekrank und unsichtbar. Mit einem Spanier unterhalte ich mich häufiger, weil der wenigstens leidlich umgänglich ist: sollte ich dem einen oder dem andern der Passagiere vielleicht Unrecht thun, so kann ich trotzdem mein allgemeines Urtheil nicht ändern, denn nachdem ich unter meinen bisherigen Bekanntschaften so viele von dem vorerwähnten Menschenschlage gefunden, ist es mir wohl nicht zu verargen, wenn ich die Lust verloren habe, weitere Entdeckungen zu machen. Ernst und ich halten uns sehr zurückgezogen, antworten, wenn wir angesprochen werden, thun sonst aber nichts Uebriges.

Hübsch ist die Sprache jener Deutsch-Amerikaner, meist Pennsylvanier, deren Mundart übrigens selbst in Amerika wegen ihrer Ungeheuerlichkeit berüchtigt und sprichwörtlich ist. Einer aus der sauberen Gesellschaft nennt alle Menschen Du, und redete mich z. B. mit dem folgenden Blödsinn an: „Siehscht Du, dasch noise-chen of die Niagara-Falls ist something ganz enormous“. Ist das nicht zu stark? Hätten Ernst und ich den Satz nicht Beide gehört, so würden wir es selbst nicht glauben. Noise-chen sollte „kleiner Lärm“ bedeuten und wahrscheinlich ein Witz sein!

Aber ich bin meiner Historie voraus und habe Euch noch nicht einmal gesagt, daß wir, nachdem unser Zug bei dem Capitain vorbei passirt war, von dem Steward in unsere Cajüte geleitet wurden, wo wir uns häuslich einrichteten. Die Lage derselben stellte sich, unsern Erwartungen gemäß, als vortrefflich heraus, und ließ, ein schreiendes Kind (welches aber schon in der zweiten Nacht auf wiederholte heftige Vorstellungen meinerseits beim Purser, der kein Ehemann ist und dessen Nerven daher, ebensowenig wie die meinigen, gegen dergleichen musikalische Töne abgestumpft sind, wo anders hin transportirt wurde) und „Onkel“ Peabody, wie wir ihn nennen, abgerechnet, nichts zu wünschen übrig.

Was die Einrichtung des „State-room“, wie die kleinen Privat-Cabinen genannt werden, anbetrifft, so habt Ihr die ja in natura gesehen; im Uebrigen beziehe ich mich auf das erste Capitel in Dickens' American Notes[3], wo sich eine vortreffliche Schilderung derselben befindet. Wie er, wurden auch wir von der fast komischen Enttäuschung befallen, welche die enge Wirklichkeit des State-room im Contrast mit der beinahe feenhaften Vorstellung, die sich in unsern Köpfen nach dem beim Londoner Schiffs-Agenten gesehenen Plane davon gebildet hatte, hervorbrachte.

Vor 4 Uhr wurde die Post nicht an Bord erwartet, und so lange hatten wir also Zeit, in Gemüthlichkeit und noch „ohne Schwanken" unsere Sachen an Ort und Stelle zu legen und uns auf dem Schiffe etwas zu orientiren, was bei dem ungeheuren Ding keine Kleinigkeit war. Ganz voll ist es diesmal nicht, und die Zahl der Reisenden übersteigt nicht 180 erster und etwa 20 zweiter Classe. Zwischendeck-Passagiere haben wir nicht; die „Scotia", wie auch noch einige andere Dampfer der Cunard-Line, ist nicht auf solche eingerichtet, und dies ist die Hauptveranlassung, warum diese Linie der Bremer und der Hamburger, welche beide in ihren sämmtlichen Fahrzeugen Zwischendeck-Plätze verkaufen, so vielfach vorgezogen wird. Schiffe mit Auswanderern sind, besonders wenn sie gefüllt sind, vor allem wegen ansteckender Krankheiten und Epidemien besser zu vermeiden, ganz abgesehen von der Gefahr, welche die vermehrte Verwirrung unter einer größern Zahl von Passagieren bei Unglücksfällen mit sich bringt.

Alle Räume der „Scotia" sind daher durchweg elegant; die Damen haben einen sehr großen Salon allein für sich; zwei andere, der eine im vorderen, der andere im hintern Theile des Schiffs, dienen der Gesammt-Welt (womit ich nicht etwa sagen will, daß jene die Halb-Welt sind). Das Steuerhäuschen ragt nur soweit aus dem Verdeck hervor, daß die Köpfe der Steuerleute sichtbar sind; ihre Ordres empfangen sie durch einen atmosphärischen Telegraphen, der von der Brücke zwischen den Räderkasten, und noch von anderen Punkten des Schiffes, auf denen Offiziere postirt sind, zu ihnen geleitet ist. Der Capitain hält sich bei Tage gewöhnlich in einem kleinen Häuschen auf, das er sich auf Deck hat bauen lassen, und das wie eine Duodez-Sommer-Villa aussieht; es wird durch starke Eisenstangen festgehalten und kann bei einem Sturm so leicht nicht von den Wellen weggeschwemmt werden. Dieses Receptaculum befindet sich übrigens an dem Punkte des Schiffes, der am wenigsten dem Schwanken ausgesetzt ist, und dies bestärkt mich in dem Glauben an das allgemein unter den Passagieren circulirende Gerücht, daß unser Capitain allemal beim Beginn der Seefahrt krank wird.

Gegen 4 Uhr fingen wir an, uns langsam in Bewegung zu setzen;

wir sahen das kleine Dampfschiff, welches die Post brachte, vom Ufer abfahren und ließen es, um keine Zeit zu verlieren, ein Stückchen ins Meer nachfolgen und uns einholen. In etwa dreiviertel Stunden wurden wir erreicht, und nun eine endlose Masse Briefsäcke mit der europäischen Correspondenz zu uns herübergetragen; kaum war dies geschehen, so verließ uns der Lootse, indem er an Bord des kleinen Dampfers sprang, und als dieser den ersten Räderschlag von uns fort that, war die letzte Verbindung mit Europa gefallen, und das nächste Festland, welches wir wiedersehen sollten, mußte Amerika sein – oder gar keins. Gerade als ich hierüber nachdachte und den zurückfahrenden Dampfer erst wenige Kabellängen von uns entfernt sah, brachte mir der Steward eine Depesche. Mein erster Gedanke war: kann ich noch zurück? mein zweiter, und ein Blick auf das, obwohl noch nahe, Schiff, zeigte mir die Unmöglichkeit davon. Ihr könnt Euch denken, mit welcher großen Spannung ich nun die Depesche aufmachte. Es war ein Abschiedsgruß von einem Londoner Freunde! – die erste Depesche in meinem Leben, die ich mit Herzklopfen geöffnet habe, und so war meine Freude an der mir erwiesenen Aufmerksamkeit nicht ganz ungetrübt.

Da also die Sache nichts weiter auf sich gehabt hatte, ging meine und Ernst's Aufregung bald vorüber; sie wurde mit dem Mittagessen, das inzwischen im Salon aufgetragen war, völlig hinuntergeschluckt. Da wir uns zuletzt gemeldet hatten, bekamen wir unsere bestimmten Sitze für alle Mahlzeiten leider ganz am Ende des Saales, wo die Bewegung am stärksten ist. Vorläufig hatte das allerdings gar keinen Einfluß, denn das Schiff ging völlig ruhig dahin, und blieb auch so bis zum späten Abend, wo wir uns zu Bett legten. Die ganze Zeit über verloren wir die irische Küste nicht aus dem Gesicht, passirten mehrere Leuchtthürme, sprachen einmal ein Schiff durch Raketen an, und erst als völlige Dunkelheit eingetreten war, ging ich in die Cajüte hinunter. Auf dem Verdecke war es übrigens recht kalt gewesen und ich hatte mit einer Gruppe von Herren einen Platz beim Schornstein eingenommen, um es uns etwas behaglich zu machen. Hier gab uns auch der Capitain die Ehre seiner Gesellschaft, und belehrte uns über den Unterschied zwischen Schrauben- und Rad-Dampfern und ihre relative Nützlichkeit.

Ich schlief sehr gut; aber als ich am nächsten Morgen aufstand, hatte sich Alles wie mit einem Zauberschlag verändert. Das Schiff tanzte munter auf den langen Schwingungen des Oceans, der nun an keiner Seite mehr von der Küste begrenzt erschien: der Himmel war trübe, und die Kälte so stark, daß Winteranzug, Paletot und eine dikke Decke keinen hinreichenden Schutz gewährten. Um ½ 9 Uhr ist dem angeschlagenen Reglement gemäß breakfast; um 12 lunch, um 4 dinner, um 8 tea; ich ging also zu ersterem hinunter, fühlte mich aber in dem geschlossenen Raume nichts weniger als behaglich, fand die Portionen und Theetassen *viel* zu groß (das ist ein günstiges Zeichen, nicht wahr?) und machte, daß ich wieder auf Deck kam, wo ich zwischen den Räderkasten, als an der ruhigsten Stelle des Schiffes, gerade neben der Sommer-Villa Posto faßte und den Platz, wie ein guter Soldat auf Wache, den Tag über nicht verließ. Es ging mir ganz merkwürdig: so lange ich dort saß, fühlte ich fast keine Spur von Unbehaglichkeit, bis auf die, welche Wind und Kälte verursachten; so bald ich aber auf- und abgehen, oder gar den Salon besuchen wollte, rieth mir mein Magen auf das Entschiedenste davon ab. „Und so saß er", allerdings nicht „eine Leiche", aber doch ziemlich unbeweglich da; mein Steward brachte mir nach einander lunch, dinner, tea auf's Verdeck; ich aß alles mit dem besten Appetit und befand mich höchst wohl. Als es Abend geworden war, rannte ich in unsere Cajüte hinunter, riß, so rasch ich konnte, die Kleider vom Leibe und sprang ins Bett, in welchem ich mich wieder völlig sicher fühlte und vortrefflich schlief; am nächsten Morgen, wo die Bewegung des Schiffes eher zu- als abgenommen hatte, zog ich mich wie der Blitz an (das An- und Ausziehen waren die gefährlichsten Momente), rannte auf meinen alten Platz auf dem Verdeck, aß, trank und saß dort wieder bis zum Abend, und legte mich dann, ebenso wie am Tag vorher, möglichst rasch zu Bett. Ich machte auf diese Weise, so zu sagen, eine Art Pferdekur gegen die Seekrankheit durch; die rauhe Luft und die Kälte nahmen mein Gesicht so mit, daß mir schon im Laufe des ersten Tages die ganze Haut abging und ich noch heute höchst gräßlich aussehe; es ist in der That keine Kleinigkeit, bei der geschilderten Temperatur 13 Stunden hintereinander im Freien zu sitzen, einem Winde ausgesetzt, der Einem die Suppe aus dem Löffel spritzt, wenn man ihn zum Munde führen will, – wie ich zu meinem nicht geringen Unbehagen erfuhr, als ich zum ersten Male einen kräftigen beef-tea zu mir nehmen wollte. Aber wer ausharrt wird gekrönt: ich bin bis zum heutigen Tage ganz von Seekrankheit verschont geblieben und denke, es wird nun auch damit überhaupt nichts werden.

Daß sich der Anblick des Salons schon am zweiten Tage ganz anders gestaltete, als am ersten, wo Alles Munterkeit und Ausgelassenheit war und Niemand seinen Sitz unbesetzt gelassen hatte, – wer, der je längere Zeit zur See gewesen, kennt das nicht aus Erfahrung? Ernst, der im Salon bis jetzt Stammgast, und nicht nur von Krankheit, sondern auch von jeder Unbehaglichkeit völlig frei geblieben ist, sagt, es wären mehr Bänke als Leute dagewesen. Viele, oder eigentlich die meisten, sind bis heute noch gar nicht wieder auf der Oberwelt erschienen.

Vorigen Mittwoch Morgen kam die Sonne hervor, obwohl die Kälte wenig nachließ. Die See fiel bedeutend, und manche Leichen tauchten nach einander mit erbärmlichen Gesichtern auf dem Verdecke auf. Ich war inzwischen ganz munter geworden und an die Bewegung gewöhnt, spazierte herum wie Einer, der nie gesessen hatte, und betrachtete die Elenden mit maßloser Verachtung, – das beste Zeichen, wie nahe ich selbst dem „herben Geschicke" gewesen war. Dieser Tag der Ruhe war sehr vortheilhaft, denn der nächste Donnerstag brachte für Viele große Prüfungen mit sich. Gegen Mittag, als ich mein Barometer beobachtete, fand ich dasselbe plötzlich um einen halben Zoll gewichen, und bei einer Temperatur von nicht mehr als 5° R.[4] fiel starker Regen, begleitet von einem ziemlich heftigen Wind, der den Ocean im Nu aufregte. Es blieb so die Nacht hindurch bis heute gegen Morgen, wo die Sonne wieder Anstalten zur Erscheinung macht. Es ist auch Zeit für unsere Patienten.

Montag, den 7. Juni.

Das Wetter ist seit vorgestern prächtig gewesen, und obwohl der Ocean nichts weniger als glatt wie ein Spiegel ist, und das Schiff beständig schaukelt, so bin ich jetzt völlig über jeden Verdacht von Seekrankheit erhaben und freue mich, wenn der Wind unsere Segel, die wir auf der ganzen Fahrt, so oft es ging, zu Hülfe genommen haben, recht hübsch füllt.

Wir hatten in diesen Tagen ein Schauspiel, das man auf kolossalen Schiffen ruhiger mit ansehen kann, als auf kleineren: wir wurden nämlich von einem Seenebel befallen, der so dicht war, daß man nicht dreißig Schritte vor sich sehen konnte. Derselbe hielt von Freitag Abend bis Sonntag Mittag mit ganz kurzen lichten Zwischenräumen an, und eben so lange waren natürlich Passagiere und Schiffsvolk in nicht geringer Spannung. Am Bugspriet standen zwei Matrosen und ein Offizier unbeweglich und starrten in den Nebel hinein, um beim ersten Anblick eines entgegenkommenden Schiffes gleich Allarm zu geben; auf der Brücke hielten drei Mann Wache, und in sehr kurzen Intervallen ertönte unsere große Dampfpfeife, die etwa in der Nähe befindliche Schiffe warnen sollte, und deren Ton in der Nacht besonders recht unheimlich klang.

Allen fiel es wie ein Alp von der Brust, als gestern Mittag, beim Heraufkommen aus dem Eßsaal, der Nebel verschwunden war, und die gedrückte Stimmung der Passagiere hob sich wie mit einem Zauberschlage. Man goutirte die Weite des Meeres, die Bläue des Himmels und den Glanz der Sonne doppelt so sehr, als vorher, und auch die Thiere schienen sich die Veränderung wohl gefallen zu lassen, denn Massen von kleinen Wallfischen, grampers genannt, spielten um das Schiff herum, und überall sah man den von ihnen aufgeworfenen Wasserstrahl.

Erwähnen muß ich doch auch noch, daß wir gestern Morgen feierlichen Gottesdienst im Salon hatten. Der Capitain, vor einem die Kanzel vorstellenden Pulte sitzend, las die Liturgie nach dem Ritus der englischen Kirche und nachher eine Predigt vor; alle Matrosen und Offiziere, die nicht gerade Dienst hatten, hörten in ihren Sonntagsanzügen zu; sie hatten Bibeln und Gesangbücher, und eben solche wurden auch an die Passagiere vertheilt. Es wurde gesungen, und das Ganze war recht feierlich. Auf dem Ocean, so ganz abgeschlossen von der Welt, giebt sich solche Stimmung schon fast von selbst.

Gestern sahen wir am Horizonte auch zum *ersten* Male ein Schiff – denkt Euch: nach sieben Tagen zum ersten Male! Wir fahren munter vorwärts, haben eben ein zweites Schiff, wie sich durch das Fernrohr herausstellt einen Auswanderer-Dampfer, zur großen Freude unseres Schiffsvolks überholt, und sind in stündlicher Erwartung des Lootsen. Der Capitain denkt, womöglich noch heute Nacht die Küste zu erreichen und in New-York einzulaufen.

Montag Abend.

Pünktlich um ein Uhr kam ein Lootse an Bord; wir waren noch dreihundert Meilen vom Festlande entfernt. Er legte in einem Schooner bei uns an, in dem er, wie er sagte, bereits seit dem 1. Juni unterwegs war. Die „Neuigkeiten“ und Zeitungen, die er mitbrachte, waren also auch nicht neueren Datums, wurden aber doch mit Begierde ergriffen. Wir werden allerdings heute Nacht in den Hafen einlaufen; mir thut das recht leid, denn wir kommen so um den Anblick der Einfahrt, der einer der schönsten der Welt sein soll. Bis Morgen früh bleiben wir an Bord. Ihr werdet Euch vorstellen können, wie gespannt ich auf die Dinge bin, die da kommen sollen! Heute kann ich vor Unruhe gar nicht mehr schreiben, und gehe, natürlich noch viel zu früh, hinab, meine Sachen zu packen.

5th Avenue Hôtel.

New-York, Dienstag, den 8. Juni.

Ich bin jetzt am Abend meines Ankunftstages, und erst eben, obwohl ich bereits heute Morgen um sieben Uhr das Schiff verlassen, zum Sitzen gekommen, denn ich habe einen sehr rastlosen Tag gehabt – scheinbar vielleicht noch rastloser durch die vorangegangene 7tägige völlige Ruhe.

Daß wir den Eintritt auf das feste Land glücklich hinter uns haben, ist ein erquickender Gedanke, denn derselbe war höchst unerfreulich. Wir sind im Zollhaus, in welches man vom Dampfer direct ausgeschifft wird, Dank einigen unserer Freunde, die uns allerhand Dinge zum Mitbringen für ihre hiesigen Verwandten gegeben hatten, abscheulich geplagt worden. Man sollte sich wirklich ein Beispiel an diesem Falle nehmen und seine reisenden Freunde nie mit Sachen beschweren, um Porto oder Zoll zu sparen. Daß Ihr die Depesche von unserer glücklichen Ankunft *einen halben Tag* später bekamt, als es eigentlich sein sollte, habt Ihr nur einem hübschen seidenen Kleidchen zu danken, und das macht mich, ich kann es nicht leugnen, sehr ingrimmig und hat mir die Freude der Ankunft nicht wenig vergällt. Wir haben volle zwei Stunden im Zollhause warten müssen, bis der Beamte, der den Zoll (nebenbei vier Dollars) in Empfang nahm, kam; ich stand wie auf Kohlen, hatte mir schon so lange zuvor überlegt, wie ich gleich, bevor ich noch nach dem Hôtel führe, bei dem Telegraphen vorsprechen und Euch aus der Ungewißheit erlösen wollte, und nun kam die dumme Geschichte dazwischen. Aber damit war es nicht abgethan. Andere Passgiere hatten mittlerweile alle Wagen fortgenommen, so daß wir mit der Beschaffung eines solchen eine Masse Zeit verschwendeten; kurz, um 4 Uhr kam ich erst dazu, die Depesche aufzugeben, was ohne jene ärgerliche Ursache gewiß acht Stunden früher hätte geschehen können. Ich bringe mir ein Scalpmesser von hier mit und scalpire die Sünder, wenn ich zurückkomme.

So, jetzt habe ich mich ausgeschimpft, und kann mich nun mit Euch freuen, daß, wie Euch meine Depesche sagt, unsere Reise hierher so günstig von Statten gegangen ist. Ich sitze augenblicklich in dem größten und schönsten Hôtel New-Yorks, habe eben mit Ernst bei Tische eine Flasche Californierwein auf Eure Gesundheit getrunken, Bananen zum Dessert gegessen, und schreibe diesen Brief in einer großen offenen Halle, in der es über alle Maßen zieht, wo großer Lärm ist, wohl mehr als hundert Leute schwatzen, andere in Lehnstühlen sitzen mit ihren Hüten, in den verrücktesten Stellungen, und, ihre Beine in ziemlicher Höhe über dem Erdboden gegen die Wand gestemmt, Zeitungen aus Louisiana und San Francisco lesen, „schwarze Menschenbrüder“ herumstehen u. s. w. u. s. w. Es hat Alles in dem fremdartigen zugleich auch einen entschieden südlichen Anstrich, wie es auch bei der Lage New-Yorks (dieselbe Breite wie Rom–Neapel) natürlich ist.

Die Witterung ist angenehm, aber ziemlich warm; heute Mittag hatten wir ein starkes Gewitter.

Auf eine Beschreibung der Stadt kann ich mich, da ich erst so wenig von ihr gesehen, noch nicht einlassen; sie folgt in den nächsten Tagen. Nur erwähnen will ich, daß ich bei H. und M. war, und eben von Letzterem durch eine zweistündige Gegenvisite unterbrochen worden bin; daß ich morgen die Besuche fortsetzen werde, und schließlich, zur allgemeinen Information, daß wir eine Woche hier bleiben und dann die Städte Philadelphia u. s. w., dem Plane gemäß, sehen werden.

Für heute Adieu und tausend Grüße von Eurem Ernst.

Nachschriftlich muß ich Euch noch berichten, daß meine Vorstellungen von republikanischer Tugend (wenn solche überhaupt je in meinem Kopfe existirten, nachdem ich Cato mit der Schulzeit hinter mir gelassen hatte) gleich bei dem oben geschilderten Entree in die Neue Welt einen neuen harten Stoß erlitten haben. Der Zollbeamte, welcher meine Koffer zu revidiren hatte, stellte sich ganz gemüthlich, seine Hand in bezeichnender (d. h. geöffneter) Weise auf dem Rücken haltend, zu mir hin, und sagte: „You shan't have any trouble, Sir!" – worauf ich stumm, aber doch liebenswürdig, nämlich durch ein paar Dollars, antwortete. Sofort machte der edle Republikaner mit Kreide seine Zeichen auf meine Effecten, welche andeuteten, daß er dieselben gebührend „fixed" hatte. Unsere Verzögerung erfolgte durch Ernst, welcher die Mitbringesachen in seinen Koffern verwahrte, und der als gewissenhafter Jurist nicht seine Zuflucht zu dem abscheulichen Mittel der Corruption nehmen wollte.

5th Avenue Hôtel.

New-York, den 11. Juni 1869.

Mir ist es noch immer komisch zu Muthe, wenn ich New-York über meine Briefe schreibe, und ich merke bei jedem Schritte, den ich auf die Straße und selbst aus meinem Zimmer in den Corridor des Hôtels thue, daß ich weit, weit weg bin.

New-York ist ein tolles Nest, und obwohl eigentlich gar nichts hier zu sehen ist, so ist doch nicht zu beschreiben, was man alles sehen *kann*. Es giebt keine Gallerien, keine Museen, keine Paläste; – aber die Sitten, das Leben auf den Straßen, die Lage und Anlage der Stadt, – wenn man das gründlich und ordentlich studiren will, so hat man damit mehr zu thun, als in Dresden mit der Gallerie, in Venedig mit der Academie, oder in anderen Städten, wo Kunstproducte unsere Interessen in dem Maße fesseln, in dem es hier Producte materiellerer Art thun.

Ihr wißt längst, daß in New-York Handel und Gelderwerb – oder kürzer Geld – entschieden die erste Rolle einnimmt; erst kommt Geld, dann noch einmal Geld, und dann alles Andere noch lange nicht. Jede Spur von Poesie – wenn sie hier früher je existirte – ist verbannt. In Allem herrscht die krasseste Praxis der Nützlichkeit; Alles wird nach ihr bemessen, jedes Ding nach seinem materiellen Werth klassificirt, und auch die Menschen sind davon nicht ausgenommen. Wenn man in Zahlen sprechen, und seine Kinder statt Karl, Eduard etc. dem Alter nach 1, 2, 3 etc. rufen könnte, so würden das die New-Yorker gewiß zuerst thun.

Mit den Straßen fangen sie ja schon an, denn nur diejenigen im ältesten Stadttheile haben Namen; in dem bei weitem größten Theile der Stadt, der in parallellaufende und sich rechtwinklig schneidende Straßen getheilt ist, heißen die von Westen nach Osten liegenden 1te, 2te, 3te u. s. w. Straße, die von Süden nach Norden 1te, 2te, 3te Allee. Nur ganz wenige Ausnahmen von diesen gleichförmigen Benennungen giebt es im neuen Theile; eine davon ist die Hauptstraße, die Broadway heißt, und die die ganze Inselstadt der Länge nach durchschneidet. Wie lang der Broadway eigentlich ist, weiß ich nicht genau; aber ich schätze ihn auf ungefähr eine deutsche Meile. Er ist die Lebensader New-Yorks; in ihm sind alle großen Hôtels und alle die kolossalen Läden, die man wohl in keiner europäischen Stadt, Paris und London nicht ausgenommen, so wiederfindet. Im Broadway, besonders aber auch in den Hafenstraßen, herrscht ein Leben, welches selbst einen Londoner City-Habitué, wie mich, überrascht und betäubt hat, was Ihr, fürchte ich, aus dem von hier datirten letzten Theile meines Briefes deutlich entnommen haben werdet. Die vollste City-Straße in London scheint Einem gegen das Stück vom Broadway, welches die New-Yorker City durchschneidet, wie unsere Friedrichsstraße gegen eine von jenen Londoner Straßen. Menschen und Wagen sind endlos. Man spricht von den Leuten in der Londoner City, man sehe ihnen „business" auf den Gesichtern geschrieben; das ist richtig; hier sind sie aber nichts als business. Im Broadway, in Wall-Street, in Nassau-Street und wie sie die City-Straßen alle heißen, sieht Niemand um sich; man drängt und stößt sich vorwärts durch das Gewühl. Jeder handelt nach dem allgemeinen amerikanischen Grundsatz go-ahead, und nach dem noch allgemeineren, daß der kürzeste Weg zwischen zwei Punkten eine gerade Linie ist, welche letztere Wahrheit hier nur allzu eifrig benutzt wird, und zu häufigen Collisionen Anlaß giebt. Ernst und ich haben die größte Mühe langsam zu gehen, um die Dinge um uns in Gemächlichkeit zu beschauen; bleiben wir einmal stehen, so werden wir gleich von 3 oder 4 Omnibus-Kutschern angeschrieen, ob wir nicht mitfahren wollen. Diese Omnibusse fahren nur den Broadway hinunter, und zwar in immenser Anzahl, fast alle halbe Minute einer, manchmal 2 oder 3 hintereinander; in den übrigen Straßen sind Pferdebahnen. Droschken giebt es nicht; eine große Unbequemlichkeit für Fremde, denn man muß auf diese Weise umherlaufen, und kann, zumal bei der Hitze, nur wenig an einem Tage abmachen. Wagen sind zwar zu haben, und zwar an den meisten großen Plätzen sowohl, als in den sogenannten livery-stables, aber so theuer, daß man sich dreimal besinnt, ehe man sie nimmt. Da die persönliche und jede andere Freiheit so uneingeschränkt ist, giebt es nämlich keine Tarife, oder wenigstens Niemand, der sie aufrecht erhält, und wenn man nicht vor dem Einsteigen in einen solchen Wagen mit dem Kutscher den Fahrpreis abmacht, so ist man verloren. Und was hilft häufig das Vorherabmachen? An dem denkwürdigen Morgen, als wir die „Scotia“ verließen, bekamen wir nach erbittertem Handel und Streit einen Wagen, der uns für acht Dollars (nachdem ich 2 herunter gehandelt) nach dem Hôtel – kaum eine Stunde Wegs – fuhr. Dabei sind die Kutscher das gröbste und unverschämteste Gesindel, – natürlich mit jedem Gebildeten „gleichberechtigt“ und ebensogut „gentlemen“, – was sie dann durch entsprechendes Wesen zu zeigen sich angelegen sein lassen. Ich bin völlig überzeugt, daß der Kerl es für eine Gnade hielt, wenn er uns für 8 Dollars nach dem Hôtel fuhr.

Die Pferdebahnen werden außerordentlich benutzt, und unsere Stadtverordneten könnten sehen, daß sie auch in Straßen von der geschilderten Belebtheit möglich sind, ohne „den Verkehr zu hemmen“, wenn die *Kutscher* nur zu hemmen verstehen! Fast durch jede Straße läuft eine Pferdebahn, und es ist Thatsache, daß auf ihr und durch sie nicht mehr und nicht weniger Unglücksfälle vorkommen, als mit anderen Wagen. Für die letzteren sind die Schienen allerdings nicht vortheilhaft, und es giebt jedesmal einen heftigen Stoß, wenn ein gewöhnlicher Wagen in die Geleise hinein oder aus ihnen herausfährt; freilich ist das Pflaster durchweg so jämmerlich, daß man auch ohnedies durchgeschüttelt wird wie auf der See.

Charakteristisch für amerikanische Sparsamkeit ist die Einrichtung der Broadway-Omnibusse. Conducteure giebt es nicht; die sind zu theuer. Der einzige Beamte ist der Kutscher. Dieser sitzt, wie gewöhnlich, draußen hoch auf dem Bock und hat die hinten am Wagen befindliche Thür vermittelst einer Leine, die innen an der Decke entlang geht, an seinem Arme befestigt, so daß er merkt, wenn Jemand aus- oder einsteigt. Man reicht ihm das Fahrgeld durch ein Loch in der Decke, und wenn man aussteigen will, zieht man an der Leine. Bezahlt man nicht gleich, so mahnt er durch eine Glocke. Allerdings sehr practisch.

In den Omnibussen und Pferdebahnen – street-cars, wie man sie nennt – fahren selbst die feinsten Damen, denn sie sind eben, außer eigenen Equipagen, das einzige Beförderungsmittel, welches dem Publikum zu Gebote steht.

Da ich einmal von den Damen spreche, so will ich gleich erwähnen, daß diese eine Stellung einnehmen, welche wenig mit unsern europäischen Begriffen übereinstimmt. Man kann sagen, hier wird ein Herr von einer Dame chaperonirt, und nicht umgekehrt, wie es bei uns ist. Eine Dame kann hier alles thun, überall hingehen, sich in Alles mischen, ohne der Gefahr ausgesetzt zu sein, beleidigt zu werden. Die jungen Mädchen promeniren allein oder mit Jungenherren-Bekanntschaften auf dem Broadway und im Park, lassen sich von eben den Herren zu einer Spazierfahrt im offenen Wagen, zum Theater, oder, was sehr beliebt ist, zur Kirche abholen; sie frühstücken allein in den Speisesälen der Hôtels, und essen auch allein dort zu Mittag. Es kommt zum Beispiel vor, daß wenn ein Omnibus voll ist, eine Dame sich einem Herrn auf den Schoß setzt; kurz, die Damen thun, als ob die Herren leblose Holzklötze oder von Natur „untergeordnete Geschöpfe" seien, denen es auch nicht einfallen könnte oder dürfte, sich gegen sie etwas herauszunehmen.

Was also bei uns für eine Dame gefährlich oder mindestens bedenklich sein würde, ist es hier nicht im geringsten, und während man bei uns von Emancipation der Frauen spricht, könnte man hier höchstens von einer gelegentlichen Emancipation der Männer reden; vielleicht ist eine Amerikanerin, wenn sie nach Europa kommt, viel erstaunter über das Benehmen von uns Männern, als wir über das ihrige hier zu Lande sind. Ein junges Mädchen kann ganz ungenirt eine Unterhaltung mit einem jungen Manne anfangen, und wenn einer von Beiden blöde ist und die Augen niederschlägt, so ist es gewiß er, und nicht sie.

Was den Anzug der Damen betrifft, so geht der über Alles, was ich je gesehen habe. Man braucht eigentlich nicht mehr zu sagen, als daß es *absolut unmöglich* ist, sich mehr zu putzen, als die amerikanischen Damen. Kein junges Mädchen, arm oder reich, geht nicht nach der Mode angezogen; augenblicklich sind breite Schärpen, auffallend geschnittene Kleider, dicke hohe Frisuren, und ganz besonders prachtvolles Schuhwerk an der Tagesordnung. Auffallend hübsch, zart und graziös sind sie meistentheils, und sie scheinen mir, in körperlicher Beziehung wenigstens, die Vorzüge der Engländerinnen und Französinnen in sich zu vereinigen, von deren Mängeln hingegen frei zu sein. Ihre übertriebene Eleganz paßt eigentlich gar nicht zu New-York. New-York ist, wie bereits im Vorbeigehen erwähnt, keine Stadt mit himmelhohen Palästen, breiten Straßen, schönen Promenaden etc. Die Häuser sind meistentheils aus rothen Ziegeln gebaut, haben drei bis vier Fenster Front, und sind eher niedrig. Das englische System, mit der area vor dem Hause, ist im Ganzen vorwiegend. Fast jede Straße ist zu beiden Seiten mit Bäumen bepflanzt, welche zwar Schatten geben, den Character einer großen Stadt aber noch mehr schwinden machen. Nur im Broadway und in der 5th Avenue (etwa von der 14ten Straße aufwärts) machen die Häuser eine Ausnahme. Da sind erstens einmal die kolossalen Hôtels (von denen das unsrige z.B. 800 Personen beherbergen kann), dann die kolossalen Läden, und einzelne der größten Comptoirs – die meisten der letzteren sind in Wall-Street am südlichen Ende der Stadt, in dem ausschließlichen Geschäftsviertel, – und in der 5th Avenue die prächtigen Häuser der tonangebenden Elite. Unser Hôtel liegt am Zusammenstoße des Broadway und der 5th Avenue und ist, wie viele der elegantesten Häuser, von weißem Marmor. Dies Material ist auch allerdings das einzige, was zu dem Putz der Leute im richtigen Verhältniß steht. Man beschäftigt sich übrigens eifrig mit Anlagen zur Verschönerung der Stadt, und der sogenannte Central Park, der sich von der 60ten Straße an nach Norden hinzieht, wird einst, wenn die eben angepflanzten Bäume hinreichend herangewachsen sein und Schatten geben werden, einen Erholungsort bilden, der seines Gleichen in der ganzen Welt sucht.

Die ersten Hôtels und das Leben in ihnen sind für Europäer der Beachtung, und theilweise auch der Nachahmung werth. Man bezahlt für Wohnung und Kost pro Tag zusammen eine bestimmte Summe; im Osten gewöhnlich 5 Dollars Currency, gleichviel ob man anderswo essen will, oder nicht. Für diesen Preis ist das Zimmer allerdings nicht sehr behaglich; es ist in der dritten, vierten oder fünften Etage gelegen und enthält fast nichts, als Bett und Waschtisch; will man mehr Bequemlichkeit genießen, z. B. Lehnstühle oder Sophas haben und in der ersten oder zweiten Etage wohnen, so muß man 6 bis 7 Dollars, oder mehr, geben. Uebrigens ist es häufig schwer, selbst wenn man es bezahlen will, in einer der unteren Etagen anzukommen, da der größte Theil der ersteren für die Jedem offen stehenden drawing-rooms, ganz fürstlich eingerichtete Säle, verwendet ist, und der zweite Stock gewöhnlich für größere, in derselben Stadt angesessene, Familien reservirt wird, welche der Landessitte gemäß oft jahrelang im Hôtel wohnen, anstatt, wie bei uns, in einer gewöhnlichen Miethswohnung oder in einem eigenen Hause. Es ist so für die „Hausfrauen" bequemer!

Frühstück ist in den Hôtels gewöhnlich von 7 bis 11 Uhr, lunch von 1 bis 2, Mittagessen von ½6 bis ½8, Thee von ½9 bis ½10, Abendbrod von 11 bis 12. Innerhalb der angegebenen Stunden kann man die betreffenden Mahlzeiten einnehmen; man setzt sich an kleine Tische und wählt sich nach der Speisekarte so viele Gerichte, als man haben will. Auf diesen Speisekarten steht wirklich *Alles* und mehr als Alles; alle bekannten Gerichte, von denen ich je gehört habe, und eine Masse unbekannter Nationalgerichte dazu, wie heute z. B., als süße Speise Cocusnuß-Pie. Wein wird extra bezahlt, aber so gut wie nie bei Tische getrunken. In dem enormen Speisesaale steht fast hinter jedem Stuhle ein Kellner, der auf den leisesten Wink gehorcht; für mich ist die Bedienung sogar etwas zu gut, denn die Kerls sehen Einen jeden Bissen in den Mund stecken, und das ist ungemüthlich. Will man sich dagegen zu irgend einer andern Zeit apart bedienen oder sich das Geringste besorgen lassen, so ist das kaum durch wiederholtes Bitten und „kleine Nachhülfen" möglich.

Die Stiefel findet man des Morgens, selten auch nur erträglich geputzt, vor der Thüre, und bei den Kleidern gilt die beliebte Redensart: „help yourself"! Die „gentlemen", alias Kellner oder Hausknechte, sind weit über solche niederen Dienstleistungen erhaben. Es lebe die Gleichheit!

Die Menge Schwarzer, Brauner, Rothbrauner, Mulatten, Mestizen, die man hier sieht, ist sehr groß. Die Hälfte der Kutscher, besonders der Privat-Kutscher, ist farbig; eine Masse Diener, Dienstmädchen, Kinderfrauen und Arbeiter gleichfalls. Ernst und ich wollen uns einen kleinen Nigger-Jungen kaufen und ihn als Diener mit nach Europa nehmen; wundert Euch nicht, wenn Ihr uns einst in solcher Gesellschaft wieder erscheinen seht!

Es setzt mich sehr in Erstaunen, wie es die New-Yorker zu Stande bringen – besonders was die Bauart ihrer Häuser anbetrifft –, auf große Hitze und große Kälte gleich gut eingerichtet zu sein. Wie es jetzt ist, sieht New-York völlig wie eine Stadt aus, wo die Leute erfrieren müssen, wenn das Thermometer unter Null sinkt, und doch soll man, wie ich von meinen Freunden höre, häufig eine wahrhaft sibirische Kälte auszuhalten haben.

Jetzt geht selbstverständlich Jedermann im leichtesten Anzuge; die Commis in den Comptoirs und in vielen Läden sind in Hemdsärmeln; in den Häusern ist alles offen und kein Platz zu finden, wo es nicht zieht; in den Omnibus sind keine Fenster; in den Hallen der großen Hôtels sind die steinernen Fußböden eine wahre Wohlthat; grüne Jalousien, bedeckte Balcons, und mit Grün und Blumen verzierte Verandas, die nach der Straße hinabführen, befinden sich an vielen Häusern; dies paßt alles zur warmen Temperatur. Heute war schon ein für den Juni ziemlich heißer Tag; gestern dagegen war es eher zu kühl, und am Tage unserer Ankunft des Morgens gerade angenehm. Variatio delectat; aber ich glaube die variatio wird bald aufhören, und nur die Hitze bleiben. Auch die leiblichen Genüsse sind der letzteren angepaßt; Eiswasser bekommt man zu Allem und überall; statt Thee trinkt man häufig Milch mit Eis, und für die Zusammenstellungen von starken Wein- und Branntweingetränken mit Eis, die der Yankee zu allen Tageszeiten, nur nicht beim Mittagessen, in reichlicher Quantität, in den sogenannten bar-rooms stehend zu sich nimmt, sind ja die Amerikaner berühmt. Sherry-Cobblers, Mint-Juleps, Cock-Tails, Brandy-Smashs, und wie die Getränke alle heißen mögen, werden mit Ice-Cream und Eis-Limonaden, außer in den bar-rooms, an allen Straßenecken ausgeboten. Auch das ist fremdartig genug.

So viel für heute über die *Sachen;* nun noch ein paar Worte über die

Personen, die ich bisher kennen gelernt habe. In Dr. A.[5], dessen Ihr Euch wohl noch von früher her erinnert und der jetzt einer der ersten hiesigen Augenärzte ist, haben wir einen sehr liebenswürdigen Menschen gefunden. Wir wurden von ihm und seinem Bruder warm und herzlich aufgenommen, und Beide thun alles für uns, was sie nur können. Sie zeigen uns ganz New-York, erklären uns Alles, geben uns gute Rathschläge für unser weiteres Fortkommen auf den Eisenbahnen und im Innern des Landes, verschaffen uns Empfehlungen an ihre Freunde in verschiedenen Orten, haben uns im deutschen Club eingeführt, kurz, benehmen sich in freundschaftlichster und uns sehr nützlicher Weise. Gestern Abend brachten sie uns in eine Gesellschaft deutscher Doctoren, wo es mir sehr heimathlich zu Muthe wurde. Die Leute saßen bei einander, tranken ihren Wein, rauchten und kannegießerten[6] wie bei uns! Berlin en Amérique!

Einen wichtigen Bekannten habe ich in B.[7]; mein Empfehlungsschreiben an ihn wird mir, glaube ich, dienlicher sein, als alle anderen. B. ist so zu sagen die erste Person in New-York und genießt hier, als Führer der demokratischen Partei, ein Ansehen, wie es eigentlich mit einer Republik unverträglich ist. Es scheint allerdings, als hätte dies die längste Zeit gedauert, und es ist schwer zu sagen, ob seine Partei in dem jetzt bevorstehenden Wahlkampfe als Sieger hervorgehen wird; das republikanische Element scheint in New-York mehr und mehr Wurzel zu fassen.

Ich war vorgestern bei ihm gewesen und hatte, da er nicht zu Haus war, den Brief mit meiner Karte abgegeben. Am nächsten Tage fand ein Wettrennen in der Nähe von New-York statt, welches mir ganz interessant war, und zu welchem ich daher hinausfuhr, obwohl ich natürlich keine Erwartungen daran knüpfte, da ich eben erst die Epsom Races[8] gesehen hatte. B. ist Präsident des Jockey-Clubs, und so hoffte ich, ihn draußen zu treffen. Er ließ an dem Tage nicht weniger als 5 Rennpferde laufen; 11 hat er im Ganzen, wie er mir nachher sagte. Ich fand ihn denn auch richtig mitten auf der Bahn stehend, in einem großen Kreise, der ihn beglückwünschte, (er hatte soeben im ersten Rennen gesiegt), und stellte mich ihm vor. Er ging nun mit mir herum, zeigte mir den ganzen Rennplatz, gab mir eine Mitgliedskarte für den Jockey-Club zur Verwerthung für die folgenden Tage, fragte, ob er mir irgend von Nutzen sein könnte, ob ich Empfehlungen brauchte, und da ich dies bejahte, schickte er mir gestern ein ganzes Paquet mit solchen für St. Louis, Chicago und alle großen Städte zu; auch eine eigenhändige an den Präsidenten Grant. Die letztere interessirt mich natürlich am meisten; meine Sorge ist nur, daß ich ihn auch treffe; er ist nämlich jetzt nicht in Washington, sondern auf einer Badereise am Hudson begriffen. Nächste Woche findet das große „Friedensfest“[9], wovon Ihr wohl auch in den Zeitungen gelesen habt, in Boston statt, das er besuchen will, und es ist daher sehr zweifelhaft, ob er zu der Zeit, wo wir in Washington sein werden, schon wieder dorthin zurückgekehrt sein wird. Uebrigens gehen wir vielleicht ebenfalls nach Boston, denn der Schwindel, der dort losgelassen werden soll, wird alles übersteigen, was je da war; unter andern wird eine (oder mehrere) musikalische Aufführung stattfinden, von der man nur noch nicht weiß, ob 20- oder 30,000 Menschen dabei mitwirken. Theile aus Onkels[10] Elias und Paulus sind auch auf dem Repertoir, und es wäre eigentlich ganz hübsch, wenn ein Mitglied unserer Familie eine Aufführung davon unter so außerordentlichen Umständen mit anhörte. Das Einzige, was uns allenfalls daran hindern könnte, ist das Gerücht, welches sich verbreitet hat, daß es bereits unmöglich wäre, noch in einem Hôtel dort unterzukommen. A.[11] hat an einen Freund von sich geschrieben, ob der uns vielleicht logiren könnte. Wir erwarten die Antwort morgen, und sollte sie günstig ausfallen, so machen wir eine Aenderung in unserm Reiseplane und sehen Boston jetzt, statt später. Alle unsere Bekannten rathen uns dazu.

Adieu, Ihr lieben Leute! Ernst grüßt sehr, macht immer verzweifelte Anstalten zum Schreiben, kann sich aber nicht recht entschließen. Ihr theilt wohl seiner Familie dies oder das aus meinen Briefen mit; ich habe ihm versprochen, für uns Beide zu berichten. Wir leben höchst munter und frisch, essen mit unsern Bekannten, trinken mit ihnen, gehen mit ihnen, und haben schon wieder eher zu viel als zu wenig Verpflichtungen; allein sind wir nie. –

Parker House.[12]

BOSTON, den 15. Juni 1869.

Ich freue mich wirklich, daß wir hierher gegangen sind! –

Als wir am vorigen Sonntag von dem Freunde A.'s, der in Boston wohnt, und an den wir uns um Wohnung gewendet hatten (ein gewisser Dr. Joy Jeffries), ein Telegramm bekamen, er hätte uns in dem Hôtel, von dem aus ich Euch schreibe, Zimmer bestellt, war unser Ausflug beschlossene Sache.

Man hat, um von New-York nach Boston zu gehen, die Wahl zwischen 2 oder 3 Eisenbahnlinien, resp. halb Eisenbahn- halb Dampfschifflinien. Die Letzteren sind der Abwechselung wegen bei weitem am angenehmsten, indessen war, wie ich hörte, bereits seit Freitag über alle Zimmer auf den Schiffen verfügt, und so blieb uns nur übrig, die neunstündige Eisenbahnfahrt zu machen. Ihr werdet Euch hieraus eine Vorstellung von der schon auf dem Wege nach Boston herrschenden Ueberfüllung bilden können.

Ich machte bei dieser Reise meine erste Bekanntschaft mit amerikanischen Eisenbahnen, die Eigenthümliches genug bot, um ihrer mit ein paar Worten zu gedenken. Wir fuhren in New-York zu dem in der 24ten Straße gelegenen Bahnhofe und setzten uns dort in einen bereitstehenden Zug ohne Locomotive; auf ein gegebenes Signal wird jeder Wagen einzeln von vier Pferden nach einem entfernteren Bahnhofe (in der 42ten Straße) gezogen, und erst dort erhält der nun wieder zusammengestellte Zug eine Locomotive von fremdartig aussehender Construction. Besonders in die Augen fallend ist ein vorn an der Maschine angebrachtes, bis dicht auf die Schienen reichendes, eisernes Gestell, das man Cow-Catcher nennt. Dieses Ding dient, seinem Namen gemäß, besonders dazu, die Kühe, welche in zahlloser Menge herumlaufen und häufig sich auf die Schienen postiren, zu fassen und sie dann zur Seite zu schleudern. Oft sieht man während der Fahrt ein auf solche Weise gepacktes Thier neben dem Schienengeleise verenden, und den Cow-Catcher, wenn man ihn am nächsten Haltepunkte betrachtet, mit Blut bespritzt.

Erst vor wenigen Tagen hätte übrigens ein solches, freilich nothwendiges Hinschlachten eines unschuldigen Geschöpfes beinahe dem Präsidenten Grant das Leben gekostet. Der Zug, auf dem er sich befand, passirte gerade als der Cow-Catcher eine Kuh beiseite warf, einen Sanddurchstich; das Thier wurde auf den schrägen Abhang geschleudert, rollte, bevor der Zug vorbei war, auf das Geleise zurück und trennte die beiden hintersten Wagen von den übrigen. Während die letzteren (in einem von ihnen befand sich Grant) mit dem Schrekken und einem gewaltigen Stoße davon kamen, entgleisten jene beiden Wagen, und eine Masse Menschen wurden getödtet oder verwundet. Trotzdem ist der Cow-Catcher für die Sicherheit der Passagiere höchst zweckmäßig und unentbehrlich, denn da die Eisenbahnen durch nichts abgesperrt sind, und selbst in den Städten durch Straßen, Gärten und Promenaden ganz sans cérémonie dahin sausen, fast nie auf einem Damm, sondern zu ebener Erde, so wird der Schienenweg häufig als eine bequeme Promenade angesehen, und nicht allein Kühe, Pferde und anderes Vieh, sondern auch Menschen dürften gelegentlich dem Cow-Catcher Gelegenheit geben zu arbeiten. Wo Schienen die Straßen schneiden, sind keine Barrieren angebracht, sondern es steht einfach an einem Pfahl angeschrieben: „Crossing the line, please look out for the engine". Jeder hat hier für sich selbst zu sorgen. Oftmals, wenn ich auf der Fahrt zum Fenster hinaus sah, bemerkte ich zu meinem Schrecken, wie kleine Kinder ganz ruhig dicht neben dem Geleise spielten.

Außer dem Cow-Catcher ist nicht die geringste Vorkehrung für die Sicherheit der Reisenden getroffen, und „Bahnwärter" kennt man nicht einmal dem Namen nach. Es ist bekannt, wie die Zeitungen täglich von Unglücksfällen wimmeln. Das Versicherungswesen auf Eisenbahnen steht denn auch in voller Blüthe, und Agenten der unzähligen verschiedenen Gesellschaften verfolgen Einen fast bis in den Wagen, indem sie alle in der letzten Woche stattgehabten „accidents" an den Fingern aufzählen, mit der größten Kaltblütigkeit beweisen, daß die Chance, sich auf der Fahrt das Genick zu brechen, wie Hundert zu Eins ist, und dringend auffordern, doch seiner Familie eingedenk zu sein.

Die Wagen sind ganz anders als die unsrigen gebaut und nähern sich eher dem Schweizer System. Da es nur Eine Klasse giebt, so sind gar keine Abtheilungen in ihnen vorhanden, und jeder Wagen ist ein großer Salon mit vielen Reihen Bänken, die in der Mitte getheilt sind und einen Durchgang frei lassen. Man sitzt auf diesen Bänken zu Zweien, und nicht allzu bequem. Für den Winter stehen zwei große Oefen in jedem Wagen. Die Circulation, auch während des Fahrens, ist auf dem ganzen Zug, und aus einem Wagen in den andern, ungehindert; ein Junge mit Eiswasser passirt alle Augenblicke durch und verabreicht es umsonst; Zeitungs-, Bücher-, Zuckerwerk-, Frucht-Verkäufer, sowie Reclamen-Austheiler, bewegen sich hin und her und bieten ihre Waare an. Auf den Stationen muß man sich sehr in Acht nehmen, auszusteigen, ehe man sich erkundigt hat, wie lange der Zug bleibt, und das ist häufig schwer herauszubekommen, da die Bahnbeamten keine Uniform tragen, und man daher nicht weiß, an wen man sich zu wenden hat. Die Amerikaner haben einen Abscheu gegen Alles, was Uniform heißt; sie ahnen dahinter gleich Beschränkung ihrer Freiheit und Beamtenherrschaft, und es soll den Directoren der Erie-Bahn (dies ist die einzige Linie, wo die Beamten kleine Abzeichen tragen) sehr schwer geworden sein, ihre Leute zu bewegen, solche anzunehmen. Selbst die Briefträger und Policemen haben aus dem Grunde erst seit kürzester Zeit eine Art einheitlicher Tracht. Für das Publikum ist es selbstverständlich eine große Unbequemlichkeit, daß die Executiv-Beamten so schwer kenntlich sind. Die Fahrt nach Boston ist stellenweise ganz wunderhübsch; man überschreitet viele Flüsse (auf Holzbrücken, bei denen man gewöhnlich froh ist, wenn man sie glücklich hinter sich hat) und besonders der Connecticut-River bietet schöne Blicke bei der Ueberfahrt. Die Vegetation ist ziemlich üppig; die mäßig hohen Berge dicht bewaldet; das Land recht bevölkert und bebaut. Was mich vorwiegend frappirte, war die Beobachtung, daß Alles nur soweit vollendet ist, daß es gerade hält oder gebraucht werden kann; die Straßen sind halb fertig gepflastert, oder schlecht chaussirt; in manchen ist noch Schmutz und Sumpf, in anderen Sandboden; Häuser jeder Gattung und Gestalt stehen neben einander, viele von Holz, andere von Fachwerk, wenige von Ziegeln. Man pflegt in den Städten diese Häuser vielfach von einer Stelle nach einer anderen zu versetzen, je nachdem der Besitzer die oder die Nachbarschaft, oder die oder jene Gegend vorzieht, während die Bewohner ganz ruhig darin bleiben. Neulich auf Staten-Island bei New-York sah ich ein Haus (nicht ganz so groß wie das unsrige in Charlottenburg) auf einer solchen Reise; in

Chicago, höre ich, soll die Wanderungs-Gewohnheit am ausgedehntesten sein, und ganze Stadtviertel in dieser Weise sich verändern.

Wir hielten auf der Fahrt nur gegen Abend eine halbe Stunde (der Zug war ein express-train, und ging mit wahnsinniger Eile), um den Reisenden Gelegenheit zu verschaffen, Abendbrod zu essen. Eine Bahnhofs-Restauration gab es nicht; man war genöthigt, in ein nahegelegenes Hôtel zu gehen; mit Fragen und Umherirren wurde die Hälfte der Zeit verbracht, und in Folge dessen auch aus dem Essen nicht viel. Wir langten etwas verhungert hier an.

Im Hôtel herrscht nicht geringerer Trubel, als in dem in New-York; es steht zwar angeschrieben, daß es „on the European plan" eingerichtet ist, indessen bezieht sich das nur darauf, daß man hier für die Mahlzeiten besonders bezahlt, während man, wie Ihr wießt, nach dem „American style" für Wohnung und Kost zusammen eine bestimmte Summe giebt. In der That ist auch alles in diesem Hôtel ächt amerikanisch: die Grandezza der Herren Diener, das öffentliche Lesezimmer, wo jeder Beliebige von der Straße her Zutritt hat, eine Halle im Parterre, wo die stutzernden Herren hinter einer großen Glasscheibe sitzen und die vorübergehenden Damen betrachten u. s. w.

Die Stadt ist sehr hübsch. – Man pflegt hier zu sagen: in New-York herrsche das Geld, in Boston das Blut; das heißt, man giebt hier viel auf Namen und Abstammung, während man in New-York nur so und soviel Tausend Dollars „worth" ist, wie der characteristische Ausdruck der Sprache besagt. Wer hier mit einer recht alten englischen Familie verwandt ist, bildet sich viel darauf ein und macht es bei allen Gelegenheiten mit Erfolg geltend. – Boston ist die älteste Stadt der Vereinigten Staaten, und man sagt, daß ihre Gesellschaft hervorragend vor den übrigen an Bildung und Werthschätzung der Gelehrsamkeit und Künste ist, wie überhaupt der Amerikaner in dieser Beziehung auf ganz Massachusetts mit einer Art Stolz blickt. Es ist, auch im Verhältniß, das heißt abgerechnet den bedeutenden Unterschied in der Einwohnerzahl (etwa 300,000 gegen 1 Million) weit weniger ausgedehnt als New-York, wohl aus dem Grunde, weil fast alle Häuser auf Pfählen in die Bay hinein gebaut sind, und man also mit Raum weniger verschwenderisch umgehen und dichter zusammenwohnen mußte. Jetzt aber wächst es auch auf dem Festlande mehr und mehr, und immer neue Vorstädte entstehen nach Westen zu. – Unter mehreren Gebäuden, die wir heute sahen, muß ich besonders die Public Library, die etwa eine halbe Million Bände besitzt und den größten Theil ihres Gründungs-Capitals einem Mr. Bates, früherem Associé der Londoner Barings[13], verdankt, erwähnen. Ein Jeder kann sich da Bücher holen, der ein Attest als ordentlicher Bürger hat; gewiß eine segensreiche Liberalität. Hier, wie in vielen öffentlichen Gebäuden und Instituten, gehören die Officianten dem weiblichen Geschlechte an, und zu meinem Ergötzen habe ich an ihnen ziemlich auffallende, manchmal recht elegante Toiletten gesehen; zu dem Local möglichst unpassend!

Als fernere Merkwürdigkeit führe ich Euch noch eine „baby show" an, die wir heute gegen Abend besuchten. In dieser befanden sich augenblicklich nur etwa 25 bis 30 babies; gewöhnlich aber sind drei bis vierhundert Kinder von 1 bis 5 Jahren ausgestellt. Die ganze Sache ist Speculation eines Mannes; er bezahlt für jedes Kind, welches ihm geschickt wird, den Eltern eine gewisse Summe, und außerdem wird das bestgezogenste und gesundeste Kind prämiirt. Der Unternehmer macht sich für alles das aus dem Entrée, welches von den Besuchern entrichtet wird, bezahlt, und hat gewöhnlich bedeutenden Profit. Die Kinder spielen in einem großen Saale, und ich fand sie meistens hübsch angezogen, munter, und niedlich aussehend.

Auffallender Weise bestand das besuchende Publikum fast ausschließlich aus jungen Männern!

Um 3 Uhr gingen wir zu der feierlichen Eröffnung des „National Peace Jubilee".[14] Das Fest soll 5 Tage dauern, an jedem Tage ein großes Concert stattfinden, und am Donnerstag ein Ball. Das musikalische Programm liegt jetzt vor mir, und ich sehe, daß außer den Abschnitten aus Paulus und Elias noch zwei Psalmen von Onkel[15] gesungen werden; es werden nur kurze Musikstücke, Ouvertüren, Arien u. dgl., und keine größeren Werke, aufgeführt; unter vielem Anderem ist die Ouvertüre zum Freischütz von „Mozart" verzeichnet![16]

Man hat für die Feier im neuen Theile der Stadt ein Gebäude errichtet, das 60,000 Menschen faßt, nota bene exclusive der Musikanten. Diese Musikanten bestehen aus einem Chor von über 20,000 Sängern, einem Orchester von 1094 Instrumenten und 3 Musikdirectoren; eine imposante Orgel ist expreß für die Halle gebaut worden. Außerdem wirkten 300 Feuerleute mit, die bei der Aufführung einer Stelle aus Verdi's Troubadour mit ihren Hammern auf Amboße klopften, was einen für Verdi'sche Musik gar nicht üblen Effect machte; schließlich standen draußen 12 Kanonen, deren Zündlöcher mit einer neben dem Hauptdirigenten befindlichen electrischen Batterie in Verbindung waren. An dieser Batterie stand Jemand, der in den geeigneten Momenten auf einen Knopf drückte, worauf dann draußen jedesmal eine Kanone losging, die das Gebäude wackeln machte. Was meint Ihr zu einem solchen Concert?

Der Präsident Grant kommt zur großen Enttäuschung des gesammten Publikums, statt wie ursprünglich versprochen, heute, erst morgen hierher und so mußte ein Anderer die Ceremonie beginnen. Zuerst wurde ein Gebet abgelesen; dann zwei Reden gehalten, dem Programm nach eine zur Bewillkommnung der Gäste, die andere zur Verherrlichung des Friedens (von allem diesem verstand man nicht ein Wort); darauf begann die Musik mit Luthers: „God is a castle and defence" (Ein' feste Burg ist unser Gott); dann kam die Ouvertüre zum Tannhäuser, das Gloria aus der zwölften Messe von Mozart, mehrere Nationallieder, Rossini's Ouvertüre zum Tell u. s. w. Ein Solo, Ave Maria von Gounod, das Madame Parepa-Rosa sang, wurde von 200 Violinen accompagnirt.

Die Aufführung war ganz musterhaft; sie konnte nicht besser sein. Auch nicht die kleinste Unordnung fiel im Orchester oder in den Chören vor; merkwürdiger Weise gelangen die piani besonders gut; das Solo der Madame Parepa, die mir übrigens schon in New-York in einem Concerte ihrer schönen Stimme wegen aufgefallen war, war die Leistung einer Künstlerin ersten Ranges. Ueberhaupt fehlt es auf dieser Seite des Oceans nicht an guter Musik und vorzüglichen Kräften, welche sie vortragen. Außer jenem eben erwähnten Concerte, welches in Steinway-Hall (der dortigen Sing-Academie) stattfand, und an dem sich hervorragend die feinere Welt betheiligte, besuchte ich eines im Central Park Garden, welches, unter der Leitung eines gewissen Thomas (eines Deutschen, wie die meisten Musiker), die Stelle unserer Liebig'schen Concerte[17] vertritt. Auch dort spielte das Orchester tadellos, und von den Solisten verdient ein Cornetbläser, ein gewisser Levy, eine besonders ehrenvolle Erwähnung. Die Ausführung der Kunst steht hier auf der ersten Stufe; nicht dasselbe kann man aber von dem Geschmacke des Publikums sagen, dem sich die Künstler leider fügen. Mit welchem Eifer das gegenwärtige Musikfest betrieben wurde, könnt Ihr daraus sehen, daß zum Chor jeder einzelne Staat sein Contingent gestellt hat; die Stadt New-York allein 500 Damen und Herren.

Der Andrang des zuhörenden Publikums war ungeheuer; für Billets zum Donnerstag bezahlt man heute schon acht Dollars, statt des ursprünglichen Preises von zwei Dollars. Von eleganten Toiletten wimmelt es, meistens von fremden Damen; den aristokratischen und ruhigen Einheimischen ist der Trubel unangenehm, und viele haben die Stadt schon früher, als es gewöhnlich zur Sommerzeit geschieht, verlassen.

Im Gebäude war die Temperatur wahrhaft tropisch, indessen ist sie auch auf den Straßen nicht viel anders; dies, und ein schon einige Tage anhaltender, ziemlich starker Regen macht den Aufenthalt im Freien nicht sehr wünschenswerth. Etwas trägt der bedeckte Himmel und der Regen, wie natürlich, zur Linderung der Wärme bei, und bis jetzt wenigstens war es des Abends stets kühl und die Nächte erquikkend.

Wir haben hier den Dr. Joy Jeffries, der unsere Wohnung bestellt hat, besucht, und derselbe hat uns einen vollständigen Plan von dem, was wir noch hier zu sehen haben, gemacht, wird uns auch nach einigen Stellen hinbegleiten. Mit gleicher Freundlichkeit bot uns ein anderer Herr, an den wir empfohlen waren, ein Mr. Lincoln, seine Dienste an; kurz, wir sind schon wieder so geborgen, daß ich gar keine Veranlassung habe, meine officiellen Empfehlungen abzugeben; ich will die Zeit lieber sparen. Es ist aber wirklich hübsch, wie entgegenkommend die Leute hier sind, und ich werde wohl noch mehr als einmal Gelegenheit haben, Euch das mit Vergnügen mitzutheilen.

Exchange Hôtel.[18]

RICHMOND (VA.), den 19. Juni 1869.

Der Zeitpunkt ist wieder eingetreten, wo ich, wie auf meiner Reise im vorigen Sommer[19], verzweifelt bin über die Masse dessen, was ich Euch zu erzählen habe. Ihr wißt ja, daß ich nicht ruhen kann, so lange ich Euch nicht zu Mitwissern meiner Freuden gemacht habe. Meine einzige Rettung ist einfacher Tagebuchstyl, als kurzer Anhalt für spätere mündliche Erzählungen.

Mein voriger Brief hatte, freilich auch nur in sehr kurzer, flüchtiger Weise (Ihr wißt, es geht nicht anders), die Erlebnisse bis Dienstag den 15. behandelt. *Mittwoch* früh hatten wir das Vergnügen, den Präsidenten auf seinem Einzuge zum Bostoner Friedensfeste zu sehen. Wie anders sind europäische Begriffe von dem Empfange des Staatsoberhaupts! Militair, d. h. kein stehendes, sondern die Bürger-Miliz, ging zwar vor Grant her, aber sonst war kein Zeichen von irgend etwas Außerordentlichem. Er saß im gewöhnlichen Straßenanzuge, eine Cigarre im Mund – ohne diese, höre ich, ist er nie zu sehen –, mit drei anderen Herren in einem vierspännigen offenen Wagen, dem Privatfuhrwerk eines reichen Wagenvermiethers, und wurde von dem Eigenthümer selbst kutschirt. Der letztere war auch ganz alltäglich gekleidet. Hinter dieser „Staatskutsche" kamen einige Miethswagen mit vielen, den Präsidenten begleitenden, Herren, und dazwischen fuhren die Pferde-Eisenbahnen und die übrigen Vehikel immer ganz ungehindert ihren Weg. Die Häuser hatten bereits vom vorigen Tage her für das Friedensfest geflaggt; auch die große Volksmenge (Fremde und Einheimische fast in gleicher Anzahl) hatte sich schon gestern zusammengefunden, und so galt beides nicht der Person des Präsidenten. Geschäfte und Läden waren für die ganze Woche geschlossen, und Alles war auf den Beinen.

Noch ein Beispiel von der großen Ueberfüllung wird Euch interessant sein. Ernst und ich haben am Mittwoch eine halbe Stunde vor der Eingangsthüre des Speisesaals *in unserm eigenen Hôtel* warten müssen, bis wir hinein durften – so besucht war er. Am Eingange stand ein Mann, der den Saal durch eine Kette gesperrt hielt, und nur so viel Menschen hinein ließ, als heraus gingen. Dabei ist der Raum vielleicht noch einmal so groß, als Onkel A.'s Saal in der Jägerstraße.[20]

Am Mittage desselben Tages hielt der Präsident eine Parade über 6000 Mann von der Miliz ab; wir sahen dem Vorbeimarsch in der Straße zu. Alles war so unmilitärisch wie möglich; ein Soldat hatte eine dunkelrothe Uniform an, ein anderer eine hellrothe, dazwischen kamen alle Nüancen; ein Trommler hatte sich ganz sans gêne einen Strohhut aufgesetzt; ein Paukenschläger, dem sein Instrument wahrscheinlich zu schwer geworden war, ließ sich von einem Straßenjungen beim Tragen helfen. In den großen Wallenstein-Filzhüten mit nach hinten hängenden bunten Federn, in dem schweren Geschirr der Pferde, das man in der alten Zeit Schlachtrossen umhängte, sind die Republikaner-Offiziere conservativ gewesen; sie haben sie vielleicht irgendwo in einem Trödelladen en gros billig als „zurückgesetzte Artikel" gekauft.

Unser besonderes Interesse erregte ein Neger-Bataillon mit Neger-Offizieren, Neger-Marketendern u. s. w.; die Kerls sahen wenigstens grotesk aus, und die Gestalt ihres Majors, der mit einem gewaltigen Schmerbauche auf einem dünnen kleinen Rößlein dahertänzelte, wird mir ewig unvergeßlich bleiben.

Ein sehr unterhaltendes Schauspiel bot am Abend ein Aufzug der Feuerwehr mit ihren Maschinen, bei Beleuchtung von Stocklaternen. Die amerikanische Feuerwehr ist bekanntlich das Modell der unsrigen; ihr Aussehen ist tadellos, und ihre Leistungen mit der kürzlich erfundenen (auch in England eingeführten) Dampffeuerspritze sollen dasselbe Prädikat verdienen.

Nach diesem Aufzuge gingen wir noch ins Theater, wo wir einen beliebten Komiker, Namens Lingard, Portraits bekannter Persönlichkeiten in vortrefflicher Weise darstellen sahen. Jedesmal wenn er als Der oder Der auftrat, sprach er ein paar Worte im Sinne des Betreffenden; er kam auch als Präsident Grant, und zwar mit einer brennenden Cigarre, behielt diese im Munde – und blieb stumm. Diese beiden etwas starken Anspielungen auf zwei verpönte Eigenschaften des Präsidenten: immerwährendes Rauchen und nie Sprechen, erregten donnernden Applaus: die Polizei gestattete das nicht nur, sondern man hatte sogar den Präsidenten zu der Aufführung eingeladen.

Uebrigens ist Grant bei keiner Partei beliebt; der, die ihn an das Ruder gebracht, ist er nicht republikanisch genug, und Alle sagen, er sei unbedeutend, – selbst indolent. Die Zeitungen leisten ihm gegenüber Unglaubliches an Unverschämtheit; eine, die ich gestern gelesen, schrieb: „es wäre doch wunderbar, daß eine Person, wie die des Präsidenten, *an der doch so gar nichts zu sehen wäre*, eine solche Masse Schaulustiger angezogen hätte" u. s. w. in ähnlichem Style.

In einem anderem Blatte hieß es: „Gestern ist Grant durch den und den Ort gekommen; am Bahnhofe war die Municipalbehörde, welche ihn mit einer Ansprache begrüßte. The President did not answer, but he smoked two cigars." – Die persönliche Beschreibung des Präsidenten will ich mir vorbehalten, bis ich ihm in Washington vorgestellt bin; ich habe jetzt alle Aussicht, ihn zu treffen, wenn ich dort hinkomme.

Donnerstag Morgen machten wir, bei ziemlich großer Wärme, eine längere Spazierfahrt in der Umgebung und den Vorstädten Bostons; durch Charleston, vorbei an Bunkerhill, wo ein Monument für die dort stattgefundene Schlacht[21] errichtet ist; durch Cambridge, wo sich eine Hochschule für die gebildet werden sollende amerikanische Jugend befindet, und wo wir das Haus Longfellow's[22] sahen; durch Mount Auburn, einen sehr schönen und großartig angelegten Kirchhof, den die Bostoner als Promenade benutzen, und kamen erst um drei Uhr wieder nach der Stadt zurück. Ueberall passirten wir hübsche elegante Landsitze, fast ausschließlich von Holz gebaut; ähnliche fanden wir auch auf der Insel Nahant, die wir Mittwoch im Laufe des Nachmittags, wie ich vergessen habe, zu erwähnen, besucht hatten, und zu welcher man mittelst einer sehr lohnenden einstündigen Dampfschiffahrt durch den Hafen von Boston gelangt.

Recht vergnügt, daß unser Ausflug hierher in Allem so gut gelungen war, setzten wir uns am Donnerstag Nachmittag auf und fuhren nach New-York zurück, indem wir diesmal eine andere Route wählten. Zunächst hatten wir zwei Stunden Eisenbahn bis Newport, einem beliebten See-Badeort der New-Yorker, und zwar machten wir diese Strecke in sehr angenehmer Weise in einem sogenannten state-saloon, einer luxuriös ausgestatteten Wagen-Abtheilung für sechs Personen, für deren Benutzung man etwas mehr bezahlt, als das gewöhnliche Fahrgeld. Dieser Versuch der besseren und reicheren Stände, eine Trennung von den anderen herbeizuführen, existirt erst auf einigen

Linien, und zwar mit gutem Erfolg für die Kasse der Gesellschaft, so daß er wohl schließlich auf allen nachgeahmt werden wird. Um jedoch kein böses Blut zu machen, vermeidet man sorgfältig die Benennung „erste und zweite Klasse". Bei der Hitze ist diese Einrichtung vorzüglich, und wir werden sie benutzen, wo wir können, d. h. wo wir sie finden. Das bekannte, beständige Spucken der Amerikaner (dem ich gelegentlich ein kleines Separatcapitel widmen werde) in den Eisenbahnen, wie überall, ist sehr ekelhaft, und in den state-saloons sind wenigstens Spucknäpfe, die die Schmutzerei auf dem Teppich resp. Holzboden verhindern.

In Newport kamen wir um sieben Uhr Abends an, und gingen direct an Bord eines Dampfschiffes, das uns am andern Morgen früh in New-York landete. Von diesem Dampfschiff muß ich Euch erzählen; auch nicht in einem einzigen Theile entspricht es den Vorstellungen oder Erfahrungen, die sich ein Europäer aus Ansichten bildet, oder durch Reisen von dem macht, was ein Schiff heißt.

Denkt Euch ein vierstöckiges schwimmendes Gebäude; um jede Etage von außen eine Gallerie, auf der Plätze zum Sitzen befindlich sind; kein Mast, keine Takelage irgend welcher Art; über dem Dache, welches das oberste Stockwerk bedeckt, nur zwei dünne Schornsteine hervorragend; in die Seiten zwei gewaltige Räderkasten eingelassen: das ist der äußere Anblick des Dinges. Das Innere ist nicht so leicht zu beschreiben.

Bei unserem Eintritt in dasselbe kam eine Anzahl Neger angestürzt, die uns die Sachen abnahmen und den Weg zum Schlafzimmer zeigten, das wir schon in Boston bestellt, und zu dem wir den Schlüssel auf der Eisenbahn, während der Fahrt, vom Schaffner erhalten hatten. Zunächst hatten wir uns durch ein Chaos, aus Kisten, Kasten, Ballen, Häuten, Vieh, und dem Gepäcke der Reisenden bestehend, durchzuarbeiten; dann passirten wir zwei Stockwerke einer Freitreppe von der Breite derer, die zu unserem Entrée in Charlottenburg[23] führt, und zwei Säle, jeder von einer Größe und Höhe, wie, soviel ich mich zu erinnern glaube, Niemand in unserer Bekanntschaft einen besitzt. Die Treppe ist mit Bronce-Candelabern, die Säle mit mehreren großen vergoldeten Kronleuchtern (und zwar alles für Gas) erleuchtet; überall stehen bequeme Lehn- und Polsterstühle, Sophas, Divans, Spieltische, Marmortische; alles ist mit dicken Teppichen belegt. Diese beiden Säle, welche nur durch die beiden obersten Etagen gehen, und Musiksäle sind, haben oben rings herumlaufende Gallerien, auf denen sowohl die Pulte für das Orchester stehen, als auch die Thüren der Schlafzimmer münden. Das auf jeder Fahrt stattfindende Abendconcert dauert nur von 8 bis 10; es stört also Niemand im Schlafe. Die Schlafzimmer (state-rooms) sind höchst elegant; die Betten (zwei in jedem stateroom) von der Größe der unsrigen in Deutschland, mit den schönsten Spitzenvorhängen; die Fenster haben Gardinen und Jalousien. Teppiche sind hier, wie in England, selbstverständlich. Der erste Anblick dieser ganzen Einrichtung und der bisher gesehenen Räume des Schiffes frappirte Ernst und mich so, wie bisher Nichts auf der ganzen Reise, und wir waren, wie einst Carl M. in Venedig, „fünf Minuten sprachlos". Als wir uns etwas von unserm Erstaunen erholt hatten, gingen wir zur Vervollständigung unserer Besichtigung über. In den Concertsälen war bereits Publikum versammelt; man erhielt gedruckte Programme, und nahm nach Belieben auf den oben erwähnten bequemen Sitzen Platz, so daß das Auditorium fast wie eine Gesellschaft aussah. Die Musik wurde ganz vortrefflich vorgetragen, aber das Programm war abscheulich. Wir hörten eine Weile zu und gingen dann weiter, die Treppe hinab. Da waren wieder zwei große Säle, als drawing-rooms eingerichtet; aus ihnen, wie aus den Concertsälen, führen an vielen Stellen seitwärts Thüren auf die Außengallerien, die offen bleiben und die ganze Zeit über erquickliche Luft vom Wasser her einströmen lassen. Wir gingen noch eine Etage tiefer, und fanden dort einen Eßsaal von der Größe von zwei anderen zusammengenommen, aber nicht so hoch. Bevor man eintrat, passirte man links eine Garderobe, wo man bei einem Neger gegen eine Marke Hut und Ueberrock ablegte; rechts ein Toiletten- und Waschzimmer für Herren, verbunden mit Haarschneide- und Rasircabinet, in dem gleichfalls Schwarze herumhantirten. Im Speisesalon war die Einrichtung der Büffets wie im feinsten Hôtel; die Speisekarte wies alle nur denkbaren Speisen auf, und etwa zwanzig Neger, schneeweiß angezogen, waren als Kellner geschäftig.

Ich kam mir wie Papageno unter der Masse vor.

Man muß allerdings so ein Schiff selbst sehen, um es zu glauben! – Bis 11 Uhr blieben wir theils in den Sälen, theils auf den Gallerien, gingen dann zu Bett, und ich stand erst um 5 Uhr auf, gerade als wir zwischen den Inseln Manhattan und Long-Island entlang fuhren, und auf der ersteren die nördlichsten Häuser New-York's, auf der letzteren eine Reihe schöner Villas sichtbar wurden. Der East-River, der Manhattan auf der östlichen Seite umgebende Arm des Hudson, war schon sehr belebt. Man erblickte fast nur Dampfschiffe, deren rasches Fahren den Eindruck der Geschäftigkeit, den alles, was in New-York und um New-York ist, mit sich bringt, erhöht, – und die unzähligen Dampffähren, welche New-York mit seinen, theils auf dem Festlande, theils auf Long-Island gelegenen Vorstädten Hoboken, Jersey und Brooklyn in ununterbrochener Verbindung erhalten, und deren jede Raum für 1500 Personen und eine entsprechende Anzahl Wagen und Pferde hat, waren bereits im vollen Gange.

Wir landeten um 6 Uhr. Da wir vorhatten, am Abend die Reise hierher fortzusetzen, gingen wir in kein Hôtel, sondern trieben uns den Tag über in der Stadt herum. Unter anderm wohnten wir einer Geschwornen-Gerichtssitzung bei (Geschworne urtheilen hier auch in Civilsachen), wo eine Dame auf der Anklagebank saß, die eine Zahnarzt-Rechnung nicht bezahlen wollte, – für einen Uneingeweihten ist es, nebenbei gesagt, hier kaum möglich, Richter, Geschworne, Zeugen, Angeklagte und das Publikum von einander zu unterscheiden, so eng sitzt Alles bei einander; – dann gingen wir in den größten der schon im ersten Briefe erwähnten Putzläden, welcher einem der vielen Gersons[24] gehört, die sich in New-York befinden, einem Mr. Stuart, der neulich erst eine Wahl als Minister abgelehnt hat und für einen der reichsten Leute in Amerika gilt. Das Lokal ist vielleicht dreimal so groß als das Gerson'sche[25], und wenn man unten im Laden steht, so sieht man durch sechs Stockwerke hinauf. Das Haus nimmt fast ein Straßenviertel ein, und ist aus weißem Marmor gebaut.

Um 8 Uhr Abends setzten wir in einer Fähre über den Hudson, um nach dem in Jersey gelegenen Bahnhofe zu gelangen, von dem der Expreßzug nach Washington abgeht. Auf dieser Linie war uns wieder eine Wagen-Einrichtung neu, nämlich die der Schlafwagen, die seit einiger Zeit auf den Nacht-Expreßzügen fast allgemein sein sollen. Die Billets für diese „sleeping-cars" kauft man, wie die gewöhnlichen Fahrbillets, entweder schon vorher (es kann dies selbst tagelang vorher geschehen) in einem zu diesem Zwecke in allen Theilen der Stadt befindlichen Bureaux, oder bei einem besonders dazu angestellten Beamten am Bahnhof. Die sleeping-cars enthalten bei Tage schöne und geräumige Sitze, an deren Stelle zur Nacht reinliche und gut gepolsterte Betten aufgeschlagen werden, und zwar, wie auf Schiffen, je zwei über einander. Herren und Damen sind gar nicht getrennt, und je zwei Betten von den anderen durch weiter nichts, als von der Decke bis zum Fußboden hinabreichende Vorhänge. In der Mitte des Wagens bleibt ein Gang frei; derselbe mündet an beiden Enden in je einem kleinen Raume, in welchem Waschapparate, Handtücher und Spiegel, für den Liebhaber auch Kamm und Bürste, zu finden sind; das eine dieser Toilettenzimmer wird gewöhnlich von den Herren, das andere von den Damen benutzt; häufig aber geht es pêle-mêle durcheinander. Die halb bekleideten Gestalten, die sich da versammeln, würden einer jungen Dame aus unserm Vaterlande weniger amerikanisch, als vielmehr „spanisch" vorkommen.

Ein Gelaß zum Ausziehen existirt nicht; man benutzt daher, so lange man sich der oberen Kleider entledigt, den Gang und beendigt die Anlegung des „Schlafcostüms" auf dem Bette. Ein Neger, der die Bedienung des Wagens hat, hilft Einem dabei, bürstet die Kleider aus, wichst die Stiefel, und sucht die Illusion, daß man sich in einem Hôtel befindet, möglichst zu verstärken. Wir schliefen in dieser Nacht in einem solchen Wagen, und zwar in Anbetracht der Ungewohnheit des „Schlafzimmers" (wir hatten uns einen state-room besorgt) und der Ungewohnheit der Bewegung, recht gut; – heiß war es allerdings, wie selbstverständlich; als wir aber des Morgens um 6 in Washington ankamen, fühlten wir von der Uebernächtigkeit, die man sonst auf Eisenbahnen nach einer Nachtfahrt empfindet, auch nicht die leiseste Spur.

In Washington stiegen wir aus, fuhren drei Stunden den Potomac-River, der von Washington ab nach unterhalb seeartig breit wird, hinab, und kamen in Acquia-Creek, einer kleinen Haltestelle auf der Grenze von Virginien, wieder auf die Eisenbahn. Man kann ganz per Bahn von Washington bis hierher gelangen, aber nur auf einem großen Umwege, und da zieht natürlich ein Jeder die kühlere, interessante Dampfschifffahrt auf dem Potomac vor. Man passirt unter anderm Washingtons bekannten Begräbnißort Mount Vernon; beim Vorbeifahren läutet jedesmal, als ein Zeichen der Pietät, die Schiffsglocke.

Von der Strecke zwischen New-York und Washington habe ich, da ich schlief, so gut wie Nichts gesehen; das Wenige, was ich erblickte, zeigte mir aber, daß es Karl[26] mit Recht für „unbedeutende Gegend" erklärt haben würde. Virginien, durch das wir nun von Acquia-Creek aus fuhren, ist sehr wenig angebaut und hat entsetzlich vom Kriege gelitten. Für uns Beide ist das Land, als der hauptsächlichste der Südstaaten, die wir sehen werden, von größtem Interesse. Der erste Anblick ist nicht verlockend; die Stationen sind wie Ställe; von Lebensmitteln ist bis Richmond nichts zu haben, als hier und dort Eier und Früchte; das Einzige, wovon Ueberfluß da ist, sind Neger.

Um halb 3 Nachmittags trafen wir hier bei großer Wärme ein; das Thermometer zeigte um 6 Uhr 27½° R.[27] im Schatten.

Der Eindruck von Richmond ist so fremdländisch und charakteristisch, daß ich ihn jetzt um Alles in der Welt nicht würde missen wollen, und sehr froh bin, diesen Ort nachträglich in unsere Route aufgenommen zu haben. Als die Hauptstadt des Südbundes, dem der furchtbare Krieg vor vier Jahren ein Ende machte, als die Hauptstadt eines Sclavenstaates, und als das Gebiet einer der heftigsten und blutigsten Schlachten dieses Jahrhunderts, unterscheidet es sich merklich von den beiden großen nördlichen Städten, die wir bisher gesehen. Richmond (mit ohngefähr 40,000 Einwohnern) ist ein ausgedehnter Platz, halb Stadt, halb Dorf. Was Einen zunächst bei der Ankunft frappirt, ist die enorme Anzahl der Neger, die hier, wie im Lande, fast so zahlreich als die Weißen sind. Gleich auf dem Wege zum Hôtel fuhren wir durch Stadtviertel, wo auch nicht ein weißes Gesicht zu sehen war,

SONNTAG, den 20. (Fortsetzung.)

nur Negerkinder spielten auf der Straße, und auf einem offenen Markte und in einer Markthalle war reges Leben unter ausschließlich schwarzen Käufern und Verkäufern.

Die Wohnungen in diesem Theile Richmonds sind dürftig und schmutzig, während sich in dem Hauptquartier der Weißen viele hübsche und große, auch elegante Häuser befinden.

Furchtbare Spuren hat der Krieg hier zurückgelassen, mehr noch als auf dem flachen Lande; überall sind Brandstätten und zerstörte Gärten; der Handel ist zerrüttet, und der Wohlstand einer Masse Familien untergraben; viele der reichsten sind geradezu an den Bettelstab gebracht. Eine von den letzteren ist die eines gewissen Mr. Valentine[28], den wir mit einer Empfehlung von Professor von H. besucht haben. Dieser Herr, ein Gentleman wie man sie im Süden so häufig finden soll und im Norden so selten findet, hat uns in der herzlichsten Weise aufgenommen, führt uns bei allem Sehenswerthen herum und geht uns, was für uns das Wesentlichste ist, mit socialen und politischen Auseinandersetzungen in sehr verständiger Weise an die Hand. Vater wird gewiß so manches, was er uns sagte, interessiren, und darum setze ich es, wenn auch sehr eilig und flüchtig, hierher.

Zwischen Süd- und Nordländern herrscht noch die größte Erbitterung. Jene betrachten die Nordländer als Eroberer, als Schädiger ihrer Interessen, und verabscheuen den Bund, zu dem sie gezwungen sind, gleichzeitig allerdings jede Spur von Hoffnung aufgebend, je wieder von ihm loszukommen. Der Gouverneur von Virginien[29], ein Nordländer oder „Yankee", wie diese hier spottweise genannt werden, wird zugleich politisch und persönlich gehaßt; kein Mensch ladet ihn zu sich ein, oder geht zu ihm; eine virginische Familie, die das thäte, würde sofort aus der Gesellschaft gestrichen sein. Unser Freund, der Bildhauer[30] ist, sagte mir, er würde einen Nordländer selbst in Geschäften nicht nach seiner Wohnung bitten, und höchstens in seinem Atelier mit ihm verhandeln. Ebenso denken alle „alten Virginier", wie er sich ausdrückte.

Das Interessanteste ist nun die Stellung der beiden verschiedenen Raçen zu einander, und dieser gegenüber das eigenthümliche Gebahren der die Fahne der Negerfreiheit vor sich hertragenden Nordländer. Diese äußern eher eine größere Verachtung gegen ihre Schützlinge von ehemals, als die Bewohner der früheren Sclavenstaaten. Im Norden nicht minder wie hier, müssen die Neger auf der Eisenbahn in einem besonderen Wagen fahren; sie trinken das in den Hallen der Hôtels, an öffentlichen Orten, auf den Bahnhöfen, kurz überall für Jedermann bereit stehende Eiswasser aus besonderen Bechern; sie sitzen in der Kirche auf besonderen Plätzen; wenn sie bei Gerichtsverhandlungen als Zeugen auftreten und zum Zeichen des Schwurs die Bibel zu küssen haben, so wird ihnen ein anderes Exemplar gereicht, als den weißen Zeugen; sie dürfen nicht in die Omnibus, und nicht auf die guten Plätze im Theater; sie treiben kein selbstständiges Gewerbe, höchstens ist vielleicht einmal einer von ihnen ein Kleinkrämer; für sie giebt es keinen andern Beruf, als den der Dienenden. Ich bemerke bei ihnen noch viele Gewohnheiten, die an Sclaverei erinnern, besonders z. B. bei dem Ausdrucke des Dankes, bei dem sie sich fast bis auf die Erde beugen.

Ihre Frauen putzen sich häufig wie Europäerinnen, und sehen dann in ihren grünen und rothen oder rosa Kleidern ganz abscheulich aus; die kleinen Amazonen-Hütchen machen sich auf ihren Wollköpfen wirklich abschreckend häßlich. Viel besser steht ihnen der leichte gewöhnliche Anzug der Dienerinnen; zu diesem tragen sie manchmal weiße Turbane oder große Hüte, ungefähr wie die sogenannten „Kieben", die aber 3 bis 4 Zoll über das Gesicht hervorragen und hinten einen langen Schirm zum Schutze des Nackens haben. Besonders scheint man hier Negerinnen als Kinderfrauen zu verwenden; ich habe nie eine Weiße hier am Orte und auf der Reise als solche bemerkt. Zum Dienen finde ich die Neger sehr brauchbar; sie thun freundlich und schnell, was man ihnen sagt, aber ohne zu *denken* – was bei Dienern vielleicht auch das Beste ist.

Kellner, Köche, Stubenmädchen sind in unserem Hôtel Neger; – ich muß bemerken, daß ich mit diesem Namen alle Nüancen der dunklen Hautfarbe bezeichne, vom Pechrabenschwarz bis zum indianischen Kupferroth, letzteres exclusive.

Mir sind die Kerls noch immer lächerlich, und wenn mich so ein schwarzes Gesicht mit seinem Wollhaar, den grellen, weißlich gelben Augen, und den dicken Lippen, unterwürfig fragt, was ich zum Frühstück haben will, so denke ich, ich bin auf der Bühne und spiele Komödie. Haben sie dann das Gewünschte gebracht, so stellen sie sich mit einem großen Wedel hinter den Stuhl, fächeln Einem Kühlung zu, und verjagen zugleich die Insekten. Das ist höchst angenehm; ich komme mir aber dann wieder vor, wie ein Plantagenbesitzer oder Sclavenzüchter. Auch ist es, das werdet Ihr nicht leugnen, ein komischer Gedanke, einen berliner Stadtrichter[31] von einem Schwarzen bewedelt zu sehen.

Die Hitze gestern und heute ist für Europäer außerordentlich. Heute Morgen um ½7 Uhr zeigte mein Thermometer in der Sonne 35° R., Nachmittags um ½4 Uhr im Schatten 30° R.[32] Ich sitze, sobald ich das Hòtel erreiche, in meinem Zimmer völlig im Naturzustande, und schwitze trotzdem unaufhörlich. Fühlt Mitleid, und besonders entschuldigt den schlechten Brief!

Das Hôtel ist, wie alle Häuser hier, auf große Hitze eingerichtet und die Zimmer verhältnißmäßig kühl; den Hof, der mit Grün bepflanzt ist, umgiebt eine Gallerie mit schönen und schattigen Plätzen, wo den Tag über eine große Anzahl müßiger Fremder und Einheimischer dem

Auge eine Auswahl eigenthümlicher verzwackter Stellungen vorführen, und in der Mitte ist ein hübscher Springbrunnen, ganz wie man es sich im Orient denkt. Männer und Frauen laufen mit Fächern umher; des Abends sitzen sie auf den Steintreppen vor ihren Häusern, die Damen in hellen Sommeranzügen, und das macht sich allerliebst.

Wir gehen vor Sonnenuntergang keinen Schritt zu Fuß, sondern lassen uns von einem Negerkutscher herumfahren. Heute haben wir eine lange Wagenpartie, von Morgens 8 bis Nachmittags halb 4 Uhr, nach und über das Schlachtfeld gemacht, die Kirchhöfe gesehen, wo die gefallenen Soldaten beerdigt sind, und Kugeln, die von der Schlacht her noch überall herumliegen, mitgebracht. Es war eine sehr lohnende und unterhaltende Fahrt; unser Kutscher, der mit im Feuer gewesen war, war ein vortrefflicher Cicerone, und erläuterte die Stellungen der Armeen und den Gang der Schlacht – fast wie ein Mensch, wie man in Sclavenstaaten zu sagen berechtigt sein sollte. Von Sehenswürdigkeiten in der Stadt ist hervorzuheben das Haus des früheren südstaatlichen Präsidenten Jefferson Davis; ferner das jetzige Staatsregierungs-Gebäude, welches, wie die in den übrigen Staaten, Capitol heißt, und in welchem sich jährlich die Legislatur versammelt* (darin befindet sich auch eine sehr vollständige und zweckmäßig angelegte Bibliothek); dann eine sehr schöne Statue von Washington; und schließlich der Holywood-Kirchhof, der mich noch mehr entzückt hat, als der schöne Mount Auburn in Boston. Wir fuhren gestern dahin spazieren, bei dem prächtigsten Mondschein und dem Funkeln von zahllosen Glühwürmchen, die auch in großen Schwärmen in den Straßen der Stadt herumflogen. Einen weiten Blick auf Richmond und den James-River, an dem es liegt, hatten wir sowohl von dem Kirchhofe aus am gestrigen Abend, als vom Gambles-Hill am heutigen. Diese Anhöhe ist ein beliebter Abendspaziergang der Richmonder Damen, und heute promenirten dort im Mondschein eine Masse Schönheiten ohne Hut, mit Fächern bewaffnet. Es war ländlich und „südlich". Nachher thaten wir

---

* Im Sommer des folgenden Jahres brach, gerade als der gesetzgebende Körper in dem großen Saale des Gebäudes, der im ersten Stockwerke liegt, versammelt war, der Boden des Saales ein, und die Hälfte der Versammelten stürzte in das Erdgeschoß hinab. Etwa 50 wurden getödtet, mehr noch verwundet. – Man sieht, wie solide das Ding gebaut war!

noch einen Blick in die Kirche, wo der Hitze halber erst nach 9 Uhr Gottesdienst war. Die Amerikaner sind in der Sonntagsheiligung ebenso streng wie die Engländer, und das Gebäude war ganz gefüllt. Zur Verminderung der Hitze wurde während der Predigt das Gas hinuntergedreht, was ich höchst praktisch fand; der Küster trug keine Amtstracht, sondern hatte es sich in einem gewöhnlichen Leinenrock ohne Weste bequem gemacht. Ich saß auf dem Chor an einem offenen Fenster, und sah während des Gesanges hinaus nach dem schönen Sternenhimmel und den dunklen Bäumen des Square's, auf dem die St. Pauls-Kirche steht. Das war eine unvergeßliche Stunde.

Morgen will uns Valentine[33] in eine Tabaksfabrik führen; Tabak spielt hier als Handelsartikel die erste Rolle, und große Felder mit dieser edlen Pflanze bewachsen sahen wir gestern am Wege. Der Handel damit soll buchstäblich der einzige sein, der sich seit dem Kriege aufrecht hält. – Wir werden dann den Club, in den wir vorgestern eingeführt wurden, und wo wir einige angenehme Bekanntschaften (alle mit Amerikanern; hier sind etwa nur 1000 Deutsche, und diese gehören fast ausschließlich der niederen Klasse an) gemacht haben, einen Abschiedsbesuch abstatten; später bei Valentine's Mutter[34], bei der wir eingeladen sind, essen, und dann fahren wir des Abends und in der Nacht nach Washington zurück, was jetzt bei der Hitze gerathener ist, als am Tage zu reisen.

Unser Befinden ist ununterbrochen ausgezeichnet, und wir scheinen uns vortrefflich zu acclimatisiren. Eiswasser trinken wir bereits mit den Amerikanern um die Wette; wenn das nur den unaufhörlichen Durst stillen wollte, welcher Einen, allen Strömen, die man in sich hineinpumpt, zum Trotz, plagt!

Continental Hôtel.[35]

Philadelphia, den 24. Juni 1869.

Das sehr ersehnte Ereigniß ist denn richtig vor sich gegangen, und wir haben eine Audienz beim Präsidenten der Vereinigten Staaten gehabt! Ich finde es beinahe komisch, aber Ihr könnt Euch denken, was mir die Geschichte für eine Freude ist. Bevor ich anfange historisch zu werden, will ich jedoch ein Beweismittel produciren, und lenke daher eure Blikke auf beifolgendes Zeitungsblatt, in dem Ihr das große Factum bestätigt findet. Es ist übrigens interessant, wie rasch die Journale die Nachricht bekommen. Unsere Audienz war um 11, und um 3 Uhr kaufte ich das Blatt im Hôtel!

Am Montag früh expedirte ich meinen vorigen Brief in Richmond. Auch der Tag war noch glühend heiß, und um halb 6 Uhr Morgens zeigte das Thermometer 35° R. in der Sonne.[36] Nichtsdestoweniger hielten wir in Begleitung des Mr. Valentine, dessen außerordentliche Freundlichkeit ich nicht genug rühmen kann, eine förmliche Razzia unter allen Sehenswürdigkeiten ab, besuchten die besprochene Tabaks-Manufactur, in der das gesammte Arbeitspersonal aus Negern beiderlei Geschlechts bestand; ferner die Tabaksbörse; eine Mehlmühle (die die größte der Welt sein soll; was halten die Einwohner der amerikanischen Städte nicht für „the largest in the world?“); ein Bierlokal, wo uns als Fremden umsonst „Lager-Beer“ verabreicht wurde; und hörten schließlich einer Gerichtsverhandlung zu, wo vier Schwarze auf der Anklagebank saßen. Als Nachtrag zu dem, was ich Euch neulich über die Neger schrieb, will ich noch Folgendes erwähnen: Als ich in den Sitzungssaal trat, sah ich alle Zuschauerplätze mit Schwarzen angefüllt. Ich achtete nicht darauf, und wollte mich eben unter sie setzen, als mich Valentine förmlich in die Höhe riß, gerade als wäre die Holzbank glühendes Eisen, und mir sagte: „Don’t you see, there are only negroes.“ Wir nahmen darauf irgend wo anders, unter den Advokaten, Platz, und Valentine konnte sich lange Zeit gar nicht über den „mistake“ beruhigen, den ich beinahe gemacht hätte. Ich fand natürlich nichts dabei, und mir macht es im Gegentheil Spaß, mit den Schwarzen zu verkehren. Wenn sie nur nicht so sehr Einer wie der Andere aussähen! Es ist mir fast unmöglich, mir eine specielle Physiognomie zu merken; ich erblicke nur immer in Jedem den allgemeinen Typus. Wenn im Speisesaal eines Hôtels z. B. zwanzig solcher Kerls bedienen, so behalte ich nie, wer zu mir gehört, und mehr wie einmal habe ich schon Confusion gemacht, indem ich irgend Einem etwas abverlangte, was ich gar nicht bei ihm bestellt hatte.

Am Montag Nachmittag um 5 Uhr fand das schon gemeldete Diner bei Mrs. Valentine[37], uns zu Ehren, statt. Außer einigen Freunden des Sohnes aßen seine beiden Schwestern (eine verheirathet, die andere nicht), sein Bruder[38], – der mit ihm zusammen vier Jahre in Berlin gewohnt hatte und seit der Zeit ebenso wie unser Freund für unsere Stadt schwärmt, – und der Schwager mit. Die Herren versammelten sich vor Tisch in einem besonderen Zimmer, wo eine Bowle von Ananas und Virginierwein getrunken wurde; nach einer halben Stunde kamen die Damen herein, und man ging zum Essen, das recht gut war und von Schwarzen servirt wurde. Von Getränken muß ich, nicht sowohl der Güte, als der Fremdheit halber, Californier-Champagner erwähnen. Wäre die Temperatur ein klein wenig gemäßigter gewesen, so hätte ich mich ganz ausgezeichnet amüsirt, denn die Gesellschaft war von der liebenswürdigsten Aufmerksamkeit gegen uns; es scheinen, wenn man nach diesem Beispiele urtheilen kann, die besseren Kreise in Richmond aus sehr feinen und gebildeten Menschen zu bestehen.

Um 8 Uhr fuhren wir direct aus der Gesellschaft, von den beiden Brüdern Valentine begleitet, auf den Bahnhof. Wir legten bis Washington denselben Weg zurück, den wir neulich bei Tage gemacht, verließen um 1 Uhr Nachts die Eisenbahn, schliefen an Bord des Potomac-Dampfers, und landeten um 6 Uhr Morgens in Washington.

Als wir bald nach der Ankunft unserem Chargé d'Affaires, Herrn von Krause[39], (Baron von Gerolt ist in Europa), einen Besuch gemacht, und ihn nicht zu Haus getroffen hatten, setzten wir uns ohne weitere Führung in einen Wagen aus dem Hôtel – am Gehen verhindert uns auch hier die Hitze, die allerdings nicht ganz so intensiv wie die in Richmond ist – und ließen uns von unserm schwarzen Kutscher an die „most interesting places" bringen.

Der äußere Anblick dieses Ortes würde gewiß den Vorstellungen der wenigsten Menschen entsprechen, und dieselben ebenso enttäuschen, wie mich. – Nur sechs Gebäude sind im großartigsten Style aufgeführt; um sie gruppiren sich einige wenige hübsche Häuser, meist von fremden Gesandten bewohnt, und eine Menge sehr großer, aber häßlicher Hôtels. Alles Uebrige sieht wie ein Bauerndorf von riesigem Umfange aus.

Die erwähnten sechs Bauwerke besichtigten wir in folgender Reihe: 1) (Heute nur von Außen) das Weiße Haus, die Wohnung des Präsidenten. Dasselbe ist, wie alle folgenden öffentlichen Gebäude, von weißem Marmor, nach einfacher Art, fast bürgerlich, gebaut; es liegt sehr hübsch auf einer Anhöhe und inmitten eines Parkes. Im Ganzen sieht es, trotz seiner Einfachheit, sehr vornehm aus. 2) Das Kriegs-Ministerium (War-Department). 3) Das Finanz-Ministerium (Treasury-Office); in diesen beiden ist weder ein Soldat als Wache, noch irgend ein anderer Schutz gegen das Publikum aufgestellt. Die Zimmer sind offen, und man kann in fast alle Bureaux hinein sehen. Sehr viele *weibliche* Beamte arbeiten dort. 4) Das Patent-Office, wo Modelle von den Erfindungen ausgestellt sind, die in den Vereinigten Staaten patentirt werden. Hier wird fast Alles patentirt, und es ist daher kein Wunder, daß das colossale Gebäude schon fast ganz mit jenen Modellen angefüllt ist. – Da der Besucher sich unmöglich unter der Unzahl von Sachen, wenn er eine bestimmte sehen will, zurecht finden kann, so wird man am Eingange gefragt, ob man irgend einen speciellen Wunsch habe, und in diesem Falle geht Jemand, der Bescheid weiß, unentgeltlich mit. 5) Das General-Post-Office, von sehr geräumiger Construction, und zweckmäßig eingerichtet. 6) Das Capitol, das Regierungs- und Congreßgebäude der Vereinigten Staaten, das wichtigste und sicher auch großartigste Bauwerk in Amerika. Dasselbe ist, besonders was die äußeren Zierathen anbetrifft, noch nicht ganz vollendet, aber höchst imposant. Vielleicht ist es, der ungeheuren Marmormasse wegen, etwas zu aufgeputzt; auch wüßte ich keinen architektonischen Styl anzugeben, nach dem es gebaut ist, aber die Größe, welche, glaube ich, die des Vaticans übersteigt, läßt jene Mängel sehr in den Hintergrund treten. – Neben allen möglichen Gerichtshöfen, Bibliotheken und Verwaltungs-Lokalitäten enthält es den Sitzungssaal des Senats und den des Repräsentantenhauses, die der Gegenstand unserer besonderen Neugierde waren. Obwohl dieselben nicht mit dem Prachtaufwande wie die englischen Kammern gebaut sind, so stechen sie die unsrigen doch weit aus. Sie unterscheiden sich von den Häusern der anderen Nationen darin, daß Senate und House of Representatives ganz gleich ausgeschmückt sind, während z. B. das englische Oberhaus viel glänzender als das Unterhaus ist. Die Congreß-Mitglieder haben jeder ein sehr bequemes Pult vor sich; auch für das Publikum und die Journalisten ist gut gesorgt; in jedem Saale haben 1500 Leute auf der Gallerie Platz. Die hier befindlichen Privatzimmer des Präsidenten – er hat deren zwei, eins zum Arbeiten, das andere zum Empfange während der Sitzungen – sind sehr luxuriös eingerichtet und mit vielen Bildern und Gold verziert. Von der Kuppel des Gebäudes aus hat man einen ausgedehnten Blick auf die

Stadt, die Vorstadt Georgetown und die Umgebung, welche letztere allerdings gar nichts Anziehendes bietet.

Den Beschluß machten wir am Dienstag mit einem der Staats-Dock-Yards (hier Navy-Yards genannt), wo Kriegsschiffe gebaut und ausgerüstet werden. Dieses Etablissement fesselte uns besonders dadurch, daß sich drei von den „Monitors“, jenen amerikanischen Panzerschiffen, von denen man während des Krieges so viel gehört hat, dort befanden. Durch persönliche Verwendung beim Admiral, der uns die Erlaubniß sehr bereitwillig und ohne Umstände ertheilte, durften wir sie besichtigen. Nachdem wir aber eins von ihnen angesehen, verging uns die Lust zu den anderen. – Ein solcher Monitor ist, wie die englischen turret-ships, ganz von Eisen; seine Oberfläche ragt indessen nur 1½ Fuß aus dem Wasser hervor; etwas höher ist der Thurm, welchen er trägt, jedoch nicht mehr, als daß der Steuermann und zwei Kanonen auf ihm stehen können; die letzteren sind auf dem, den wir gesehen, 600-Pfünder. So ist also der Thurm das einzige hervorragende Object auf der 200 Fuß langen Oberfläche des Schiffes, die übrigens von der Mitte nach den Seiten zu abschüssig ist, so daß man sich sehr in Acht nehmen muß, auf ihr auszugleiten. Einen Bord hat der Monitor gar nicht; er ist auch nicht darauf berechnet, daß irgend Jemand auf seiner Oberfläche stehen soll, denn sobald er in Bewegung ist, muß die ganze Besatzung, 100 Mann, in die Unterwelt. Dort ist es stockdunkel; nur ein enges Loch, durch das man hinunterkriecht, führt nach oben: das Tageslicht dringt nur höchst spärlich ein, so daß wir mit Licht herumgeführt wurden. Mir scheint, daß der Aufenhalt dort auf hoher See dreimal so schauerlich sein muß, als der im schlimmsten unterirdischen Gefängniß. Man ist wie in einer eisernen Röhre.

Dienstag gingen wir – horribile dictu – um 9 Uhr zu Bett, denn wir waren recht müde geworden. Eine Wagenfahrt in einer amerikanischen Stadt ist nicht so, wie in Berlin; denn obwohl das Pflaster da abscheulich ist, so ist es doch Gold gegen das hiesige. In Washington ist es eher schlechter, als in den anderen Städten. Manchmal ist in den Straßen einfach Sandboden, manchmal Lehm, in den man tief einsinkt, und wo sich die Schweine in aller Gemüthlichkeit herumwälzen; manchmal auch sind verunglückte Versuche zur Steinpflasterung gemacht, die schlimmer sind, als alles Uebrige, und wo Einen das Rasseln durch die tiefen Löcher und das Schütteln förmlich seekrank macht. Es ist eben auf kein anderes Fuhrwerk Rücksicht genommen, als auf die Pferde-Eisenbahnen, die in der Mitte des Dammes liegen und von Jedermann benutzt werden. Wenn ich als reicher Mann in Washington lebte, würde ich nicht daran denken, eine Equipage zu halten, weil das Fahren darin eine Marter wäre. Ich glaube, es hat auch in der That dort Niemand einen Wagen, und nur Fremde, die möglichst viel und möglichst schnell sehen wollen, bedienen sich solcher.

Da die Stadt außerordentlich ausgedehnt angelegt ist, so nöthigen die großen Distanzen trotz aller Unbequemlichkeit zum Fahren, ebenso wie sie die Kosten der Pflasterung erhöhen, und diese daher immer nur langsam oder gar nicht fortschreiten lassen. Wie in den übrigen bedeutenderen Städten gewähren auch hier Baumreihen zu beiden Seiten der Straße Schatten. – Die Bevölkerung ist ähnlich zusammengesetzt wie die in Richmond, die Anzahl der Schwarzen demnach sehr groß.

Zur Zeit der Congreß-Sitzungen versammelt sich jedesmal eine Unmasse Fremder, außer den Deputirten, und nur hierdurch begreift man, wie die enormen Hôtels, die fast eines an dem anderen stehen, existiren können.

Mittwoch früh besuchten wir Herrn von K.[40], dessen Gegenbesuch wir verfehlt hatten, nochmals. Er gab uns allerhand genügende und gute Auskunft, und sagte, er wäre vom auswärtigen Ministerium angewiesen, uns so viele Empfehlungen an die Consuln in den verschiedenen Staaten zu geben, als wir irgend haben wollten. Wir baten uns nur je eine für St. Louis und San Francisco aus, die er uns nachschicken wird. Dann fragten wir nach den Formalitäten, die wir beim Besuche des Präsidenten zu beobachten hätten, und da gab er uns für den Fall, daß wir nicht zur Audienz vorgelassen würden, eine Karte an den Adjutanten, General Dent[41], mit, der uns vielleicht behülflich sein könnte. Dies erwies sich indessen als unnöthig. – Da die täglichen Audienzstunden von 10 bis 12 des Vormittags sind, ließen wir uns, in weißen Beinkleidern mit schwarzem Rock und dito Weste, um 11 Uhr von unserem Neger nach dem Weißen Hause kutschiren, und wurden dort in ein im ersten Stocke gelegenes Vorzimmer geführt, das über und über mit Leuten gefüllt war, welche warteten, bis die Reihe an sie gekommen wäre. In der Mitte saß an einem Tische ein Hausbeamter, der die Namen der Ankommenden aufschrieb, und, wie es scheint, besonders die Obliegenheit hat, die Presse mit den gehörigen Nachrichten zu versorgen. Diesem Herrn sagte ich, wir hätten eine persönliche Empfehlung an den Präsidenten, gab ihm unsere Karten, und er schickte dieselben, zusammen mit B.'s Brief, durch einen Schwarzen sofort zu ihm hinein. Wir warteten nicht drei Minuten, als derselbe Schwarze zurückkam, und uns in das Sanctum Santissimum führte. – Wie findet Ihr, daß wir vor den sämmtlichen Uebrigen vorgelassen worden? Von Allen wurden wir mit ärgerlicher Neugierde wegen dieser Auszeichnung betrachtet.

Zugleich mit uns traten noch zwei andere Herren ein, die indessen nur Papiere abgaben, und sich dann sofort wieder zurückzogen. – Der Präsident stand, die bewußte, nie fehlende Cigarre im Munde, schwarz angezogen am Schreibtisch, in einem großen, sehr einfach möblirten Zimmer. Als wir ihm unsere tiefe Verbeugung machten, gab er uns die Hand, setzte sich, und lud uns ein, Stühle zu nehmen. Während wir das thaten, fixirte er uns so scharf, daß es mir (im Uebrigen doch ziemlich unverfrorenem Menschen) etwas unbehaglich war; Ernst hatte, wie er mir nachher sagte, dieselbe Empfindung gehabt. Da ich die frais de la conversation machte, so suchte ich mein bestes Englisch heraus, und fing eine kurze Rede an: wie glücklich ich wäre, den Vorzug zu genießen, ihn zu sehen, u. s. w. Das nahm er gnädig mit einem thank you auf, fragte dann nach unseren Plänen, wie uns die Staaten gefielen, theilte uns dies und jenes über Land und Leute mit, und ging schließlich zur Erörterung einiger europäischer Verhältnisse über. Wie es sich für wohlerzogene preußische Unterthanen geziemt, antworteten wir auf Alles kurz und bündig, und zogen uns nach etwa zehn Minuten zurück, nachdem wir noch einmal für die außerordentliche Ehre gedankt und wieder einen Handschlag empfangen hatten. Als wir das Zimmer aus einer Thür verließen, kamen zu einer andern schon wieder fünf Personen, worunter zwei Damen, herein. Der arme Mann!

Wir ließen uns noch von einem Diener die Staatszimmer zeigen, die sehr groß und würdig, ohne viel Pomp, aber doch elegant ausgeschmückt sind, und setzten uns dann, recht erfreut über den günstigen Verlauf unseres Besuches im Weißen Hause, in den Wagen, um „auf den Schreck" (wie der Berliner sich ausdrückt) eine kleine Spazierfahrt zu machen. Daß wir überhaupt beim Präsidenten vorgelassen wurden, war mehr als wir hoffen konnten, da uns Krause gesagt hatte, daß es gerade jetzt sehr schwierig wäre, wo der Präsident erst eben von der Reise zurückgekommen ist; außerdem soll ein Empfang *allein*, wie er uns zu Theil wurde, eine große Ausnahme sein.

Grant ist ein kleiner Mann, kaum größer als ich, von gedrungener Statur, mit blondem Vollbart und blondem Haar, Ende der Vierziger. Er spricht sehr leise, und ich war immer froh, wenn er eine Frage gethan, und ich sie verstanden hatte. In der Unterhaltung ist er, wie allgemein bekannt, ziemlich einsilbig, und man weiß daher, wie bei vielen Leuten, die wenig sprechen, nicht ob er nichts zu sprechen weiß, oder nicht sprechen will. Er kann übrigens kein unbedeutender Mensch sein, wie seine Gegner sagen, denn es war gewiß keine Kleinigkeit, in dem Kriege eine solche Rolle zu spielen.

„Ironie des Schicksals" ist, daß uns unsere Spazierfahrt zur früheren Wohnung des Generals Lee, des bedeutendsten Gegner Grants, führte. Das Haus ist confiscirt, Lee selbst Lehrer an einer Kriegsschule in Georgien. Hätte damals Fortuna nur eine kleine entgegengesetzte Laune gehabt, so hätten wir vielleicht heute Lee im Weißen Hause besucht, und Grant's Besitzung confiscirt gesehen!

Am Nachmittag um halb 6 reisten wir per Bahn hierher und langten um halb 12 Uhr Nachts an. Der heutige Tag ist den Sehenswürdigkeiten Philadelphia's gewidmet; morgen geht es nach New-York, wohin es mich sehr drängt, weil ich dort die ersten Briefe von Euch zu finden hoffe. Baltimore haben wir ausgelassen, um mehr Zeit für den Norden zu haben. Die Stadt soll unbedeutend sein; zudem haben wir sie ihrer ganzen Länge nach per Eisenbahn durchmessen, und so einen ganz guten Ueberblick gehabt. Auf dem Wege von Washington hierher berührt man nämlich Baltimore, und der Zug wird dort durch Pferde von einem Bahnhof zum anderen gezogen. Die Fahrt durch die Stadt dauert etwa eine halbe Stunde, und geht gerade durch die Hauptstraßen. Unterwegs sprangen eine Masse Leute mir nichts dir nichts auf den Zug, die sich ein Stückchen fahren ließen, und dann wieder herabsprangen, als die Locomotive sich vorspannte. Es ist hier doch eine Heidenzucht! Aber interessant ist sie.

Euer guter Preuße.

Cataract House.[42]

NIAGARAFALLS, den 28. Juni 1869.

Wenn der Niagara nicht so über alle Maßen großartig wäre, würdet Ihr im Anfange dieses Briefes eine lange Beschreibung von unserm amüsanten Aufenthalte in Philadelphia; einem nochmaligen vergnügten Tage in New-York im Kreise unserer besten Bekannten (zu denen ich jetzt Rudolphs[43] Freund, Professor K., vor allen rechne); unserer eintägigen Dampfschiffahrt den Hudson hinauf nach Albany, gegen die eine Rheinfahrt (Onkel Alexander[44] muß mir das schon erlauben) gar nichts ist; einem hübschen Abend in Albany, und schließlich von der Eisenbahnfahrt von dort bis hierher, die wir von des Abends 11 Uhr bis Mittags 1 Uhr in einem sleeping-car zurücklegten, erhalten. Ich bin aber egoistisch genug, mich nicht auf lange Zeit von dem großen Naturschauspiel hier trennen zu können, und zugleich drängt es mich, Euch davon zu schreiben; so lasse ich also das Uebrige im Stiche, resp. für das Mündliche. Nur eins muß ich erwähnen, und das ist der Empfang Eurer so ersehnten Briefe, die mir ja, Gottlob, sämmtlich nur gute Nachrichten bringen. Ich war dermaßen begierig, von Euch zu hören, daß ich direct vom Bahnhofe, auf dem ich von Philadelphia ankam, ohne erst ins Hôtel zu fahren, in ganz schmutzigem und verstaubtem Aufzuge H. besuchte; ich sah so aus, daß ich mich bei demselben entschuldigen mußte. Tausend Dank für Alles, was Ihr mir schreibt! Ich habe mich ungemein gefreut, zu vernehmen, wie viele Leute sich für mich und meine Ankunft interessirt haben, und bitte Euch, allen denen zu danken. Gern würde ich an Jeden eine Zeile schreiben, aber ich komme nicht dazu; mit Ausnahme eines kleinen Briefes an Hugo[45] habe ich nichts abgesendet, was nicht Eure Adresse trug, selbst Horsley's – so wenig das nach mir ist – habe ich vernachlässigen müssen, – und ich fürchte, das wird auch so weiter gehen. Aber es hilft nichts: die vier Monate hier müssen nach Kräften ausgenutzt werden.

Das Reiseregister seit Mittwoch dem 23. war also Folgendes: Am 24. Philadelphia; am 25. von dort nach New-York, von Mittag an in letzterem; am 26. um 7 Uhr früh den Hudson hinauf, um 4 Uhr Nachmittags in Albany; von dort am selben Abend Abfahrt, und am 27. (gestern) Mittags Ankunft hier. Was man hier für Strecken zurücklegt! Auf der Karte sieht es nach gar nichts aus, und trotzdem ist eine Reise, wie z. B. von New-York nach Richmond oder hierher, wie eine in Europa, für die man schon die größten Vorbereitungen macht. Doch ist das nur das Vorspiel für das, was kommen wird. Wir werden nämlich wahrscheinlich unsern Reiseplan nicht unerheblich modificiren, und morgen oder übermorgen, oder sobald wir uns von hier trennen können, – anstatt nach Chicago – nach Cincinnati, dann über Louisville nach der Mammouth-Cave, dann nach St. Louis gehen. Ich muß Euch einen „großen Gedanken" offenbaren, nämlich die wieder aufgenommene Absicht, Californien zu besuchen. Ihr müßt aber nicht erschrecken, sondern ruhig weiter lesen. – Unter allen Menschen, die ich, seitdem ich hier bin, gesprochen habe, ist nicht einer, der nicht dazu riethe; manche finden es geradezu unvernünftig, die Gelegenheit des Hierseins nicht wahrzunehmen, um dorthin zu fahren. Der Präsident Grant, mit dem wir uns ausdrücklich über diesen Punkt unterhielten, hat versichert, daß in den Gegenden, durch die wir kommen würden, mit den Indianern seit längster Zeit nichts vorgefallen sei; die Pacific-Eisenbahn ist eher sicherer, als die auf den belebten und besuchten östlichen Strekken; das Klima in dem Theile Californiens, den wir zu sehen gedenken, also San Francisco und das Land südöstlich davon, soll das schönste der Welt sein. Zum Ueberfluß aber, und damit wir nichts an der größten Vorsicht fehlen lassen, werden wir unsere schließliche Entscheidung erst in St. Louis treffen, um dort von den „Knaben an der Quelle" noch mehr Information zu erhalten. Ich habe mir zu dem Zwecke von Herrn von Krause die Empfehlung an den dortigen Consul[46] geben lassen; außerdem habe ich eine von B. und eine von H., und Ernst drei an hervorragende andere Personen dort; alle diese Leute wollen wir besuchen und sie befragen, ob ihnen etwas Nachtheiliges zu Ohren gekommen ist. Grant sagte uns übrigens, daß augenblicklich einige der bekanntesten Congreßmitglieder, Senator Sumner und Andere, sowie mehrere Beauftragte auswärtiger Regierungen die Fahrt nach Californien machen, um über die Beschaffenheit der Bahn amtlich ein Urtheil abzugeben. Wir versprechen Euch, daß, sollten wir in St. Louis Nachrichten über die Reise hören, die mit den bisherigen nicht vollkommen übereinstimmen, wir das Project aufgeben. In dem Fall gehen wir von

St. Louis nach Chicago, wo wir uns an die früher geplante Route, nach Canada hinauf, anschließen; im anderen Falle aber von St. Louis nach Omaha, wo die Pacific-Bahn beginnt. – Die Fahrt von Omaha nach San Francisco dauert 5 Tage; wir werden sie aber eventuell in der Mitte, bei den Mormonen, auf etwa 6 Tage unterbrechen. Es versteht sich, daß der Hauptheil unserer noch übrigen Zeit dann Californien gewidmet wird.

Vorläufig ist eins der Hauptziele unserer Reise erreicht. – Indem ich diesen Brief schreibe, sehe ich vor mir den Staub des Riesenfalles, der sich aus dem Abgrunde weit über die Höhe erhebt, von der das Wasser niederstürzt, und wo unser Hôtel liegt. Wir sind jetzt am Abend des zweiten Tages hier, können uns aber beide noch nicht entschließen fortzureisen, und ich bin neugierig, wie wir morgen oder übermorgen darüber denken werden. – Auch außer daß man sich an dem Falle der Wassersäulen und ihren Farben nicht statt sehen, und an dem merkwürdigen Getöse nicht satt hören kann, giebt es so viele grandiose Punkte in der Umgebung des Falles, daß es kaum möglich ist, in 2 Tagen Alles, wenn auch nur oberflächlich, zu besichtigen.

Der Niagarafall besteht aus zwei großen Abtheilungen, die durch eine Insel, Goat-Island, getrennt sind. Der eine Fall gehört zu „Amerika", der andere zu „England", d. h. der eine liegt auf dem Gebiete der United States, der andere in Canada. Unser Hôtel ist auf der amerikanischen Seite, und übersieht den American Fall. Ich habe bisher noch nicht herausbekommen können, welcher von beiden Seiten ich den Vorzug geben soll, denn sieht man jeden Fall für sich, so hält man immer den für den schöneren, den man gerade vor sich hat. Der American Fall ist 800 Fuß breit und 164 Fuß hoch; der Canadian (Horse-shoe Fall, so nach seiner Form genannt) ist 2000 Fuß breit und 156 Fuß hoch; bei letzterem ist an einer Stelle das Wasser, wo es sich zum Falle umbiegt, 22 Fuß tief und hat dort eine unvergleichliche Smaragdfarbe. Einen imposanten Anblick gewährt das Jagen des Wassers um Goat-Island herum (in diesen „Rapids" beträgt das Gefälle 51 auf 3700 Fuß), bevor es den jähen Abhang erreicht, und etwa 2 Meilen* unterhalb des Falles, wo es durch eine Verengerung der 2 bis 300 Fuß hohen Ufer dahin

* Ich brauche wohl kaum zu erwähnen, daß, wo in diesen Briefen von Meilen die Rede ist, amerikanische gemeint sind. – 75 amerikanische Meilen sind = 69 englischen.

stürzt. – An letzterer Stelle, dem sogenannten Whirlpool, wo der ganze Fluß einen ungeheuren Strudel bildet, ist der Ungestüm des Wassers so groß, daß es in der Mitte des Flusses – es klingt ganz fabelhaft – 10 Fuß höher ist, als an den Seiten. Man hat das genau gemessen. – Von Allem aber, was wir hier sahen und mitmachten, war das Interessanteste das Hinabsteigen in die „Cave of Winds", unter einen Theil des American Fall, der der Central Fall genannt wird. Diese Partie ist recht gefährlicher Natur, und sollte auch nur von schwindelfreien Leuten unternommen werden; einzelne Damen haben sie gemacht, indessen sind das „Amerikanerinnen". Ich muß Euch diese denkwürdige Tour beschreiben.

Sie beginnt damit, daß man sich auf Goat-Island in einem expreß dazu errichteten Häuschen ganz auszieht, und als Bekleidung ein vollständiges doppeltes, wollenes water-proof-Costüm anlegt, eine Lederkappe auf den Kopf setzt, und um die Füße nichts als ein paar wollene Lappen bindet. So ausgestattet steigt man unter Leitung eines Führers eine Holzwendeltreppe bis zum Fuße von Goat-Island hinab, wo man auf der einen Seite die Wasser des Horse-shoe Fall, auf der anderen die des American Fall zu sich herunterstürzen sieht. An dieser Stelle benimmt Einem ebenso die wahrhaft erdrückende Großartigkeit des Schauspiels, wie der gewaltige Wasserstaub, den man von beiden Seiten her empfängt, zuerst den Athem; wir blieben einen Augenblick stehen, um uns zu sammeln (man macht sich nur durch Zeichen verständlich über das, was man thun will; ich versuchte einmal, etwas in das Ohr des Führers zu schreien, hörte aber meine eigene Stimme nicht!), und gingen dann nach der Richtung des American Fall weiter. Die Steine, über die man ganz unten an der Felswand von Goat-Island, dicht über dem soeben vom Horse-shoe Fall kommenden Strome, schreitet, thun an den Füßen weh; indessen merkten wir bald, daß es so gut wie unmöglich wäre, sich einer anderen Fußbekleidung als der wollenen Lappen zu bedienen. – Wir erreichten nun die erste große Abtheilung des American Fall, durch die hindurch der Weg geht. Diese Abtheilung, der Central Fall, ist 30 Fuß breit, und die höchste des ganzen Niagarafalles. Die Felswand von Goat-Island bildet an jener Stelle eine Grotte von geringer Tiefe und Umfang, die man Cave of Winds nennt, weil der durch die enorme Masse des herabstürzenden Wassers entstehende Luftzug sich mit Heftigkeit in sie hineinzwängt. Vor der Höhle vorbei geht der

Hauptstrom des Central Fall, aber auch in das Innere derselben dringt noch ein mächtiger Theil davon. Also durch!

Den Eindruck, der nun folgte, kann ich Euch nicht beschreiben; wir waren Taminos, die die Wasserprobe bestanden. Der betäubende Luftdruck, die Wassermasse, die uns auf den Kopf fiel, Gesicht und Körper bespülte; die ungeheure Masse, die wir, in einem Bogen über unsere Köpfe weg, aus einer Höhe von 160 Fuß herabkommend, dicht an unserer Seite den Boden erreichen sahen: – das will durchgemacht sein. So muß – sagen Alle, die es gleich uns gethan haben – der Vorgeschmack des Ertrinkens sein. Wir durchschritten den Fall auf einem Brette mit Geländer an einer Seite, an welchem letzteren man sich entlang zieht, wenn man zeitweise wegen des mit fürchterlicher Gewalt andringenden Elements die Augen schließen muß; es nützt nichts, den Kopf nach unten zu halten, da das aufprallende Wasser mit ebensolcher Vehemenz von unten gegen Einen spritzt, wie das herabfallende von oben. Etwas über die Mitte des Falles hinaus ist die schlimmste Stelle; ich höre, daß Viele vor uns es nicht über sich brachten, dieselbe zu passiren, und dort umkehrten. Wir hielten jedoch aus, und kamen wohlbehalten an der anderen Seite des Central Fall, also zwischen ihm und dem übrigen Theile des American Fall, an, wo man nur noch von dem Wasserstaube eingehüllt, aber nicht mehr von der eigentlichen Wassersäule begossen wird. Hier ruhten wir wieder einen Moment, und gingen, oder vielmehr kletterten, dann *außerhalb* des Falls um ihn herum zurück. Diese letzte Hälfte ist schwerer und angreifender als die erste, obwohl man sich auf ihr nicht so nahe dem Ersticken fühlt. Die Gefahr, von den Felsblöcken, auf denen man, ohne irgend eine Spur von Weg oder die Hülfe eines Brettes, kriecht, und zwischen denen das tosende Wasser, nun zu ebener Erde, dahinschießt, abzugleiten und fortgerissen zu werden, ist hier sehr groß, und es bewährten sich an dieser Stelle die wollenen Decken für die Füße, die sich an den Felsen förmlich ansaugten.

Als wir die Treppe wieder emporgestiegen waren, sangen wir beide: „Gegrüßet seist du, Sonnenlicht“[47], und trockneten uns tüchtig ab, was die Hauptsache war. Schwindel fehlt auch nicht, denn man bekommt nachher vom Führer ein Attest, daß man den gefährlichen Weg zurückgelegt hat; ich füge, Spaßes halber, das meinige bei, und bitte Euch, es aufzuheben. –

Noch eine andere Partie in ähnlicher Weise, aber nicht halb so bedenklich, machten wir auf der canadischen Seite zum sogenannten Table Rock. Dort genügt es, einen wasserdichten Anzug über die gewöhnliche Kleidung zu ziehen, und mit diesem bewaffnet sieht man den ersten Theil des Horse-shoe Fall über sich weggehen. Wir haben uns, da wir Gelegenheit dazu fanden, am canadischen Ufer in den water-proof Costümen mit dem „wirklichen Niagarafall" als Hintergrund im Freien photographiren lassen; die Bilder werden eine recht hübsche Erinnerung für uns sein, besonders, da sie ziemlich ähnlich geworden sind. Wir saßen dem Photographen, ehe wir zum Horse-shoe Fall hinabgingen, und als wir wieder „raußer kamen", erhielten wir schon die Abdrücke fertig und eingerahmt.

Was könnte ich noch Alles schreiben! Es ist aber spät und ich muß zu Bette. Erwähnen will ich, daß mich gestern Abend ein Herr, der im Hôtel wohnt, ein Mr. Willcox aus Peoria[48] in Illinois, besucht hat, – und zwar wegen meines Namens. Er sagte, seine Frau hätte den größten Wunsch, einen Verwandten von Onkel Felix[49] kennen zu lernen; ich ließ mich ihr vorstellen und verplauderte ein paar Stunden recht angenehm. Das Ehepaar ist auf der Hochzeitsreise; sie haben Ernst und mich eingeladen, sie zu besuchen und bei ihnen zu wohnen. Vielleicht thun wir es. – Wie die junge Frau – sie ist nie aus Amerika heraus gewesen – in unserer Familie Bescheid wußte, hat mich erstaunt; sie fragte mich, ob mein Vater nicht Paul[50] hieße, ob Sebastian[51], Hensel's[52] einziger Sohn, noch lebte, u. dgl. So etwas heimelt Einen in weiter Ferne sehr an. –

Ich wollte Euch übrigens noch sagen, daß ich des Morgens krampfhaft nicht vor 8 Uhr aufstehe, so lange ich hier bin, um der v. d. Heydt'schen Gefahr[53] zu entgehen, mich um 5 Uhr früh zu verloben. An Gelegenheit dazu würde es, wenn man sie suchte, nicht fehlen, denn eine Menge junger und hübscher Mädchen sind hier, neben vielen hochzeitsreisenden Ehepaaren, die als ermunterndes Vorbild dienen. –

Ernst dankt sehr für Eure Grüße und erwiedert sie an Alle.

Blondin
(aber *unter* dem Niagarafall).

P. S. Ganz mit Stillschweigen kann ich Philadelphia doch nicht übergehen. Neben einem zweistündigen Besuche in dem Zuchthaus (State-Penitentiary), dem Muster der „pennsylvanischen Einzelhaft“, war mir dort von besonderer Merkwürdigkeit ein öffentliches Institut, welches den Namen Girard-College[54], nach seinem Gründer, führt. Dasselbe dient als Erziehungs-Anstalt für verwaiste Kinder beiderlei Geschlechts, und ist die großartigste Stiftung, die mir bisher vorgekommen. Auf dem ausgedehnten, mit großen Spiel- und Turnplätzen versehenen Grundstücke befinden sich nicht weniger als fünf umfangreiche Gebäude von weißem Marmor, von denen zwei zum Unterricht bestimmte in edlem klassischem Style, etwa nach dem des Tempels zu Pästum[55], aufgeführt sind. Einzig ist ein Paragraph aus den von Girard festgesetzten Statuten, in dem er jedem Geistlichen verbietet, die Schwelle dieser Anstalt zu überschreiten; ich setze ihn hierher, damit Ihr seine Gründe kennen lernt: auf mich haben dieselben einen gewissen Eindruck gemacht. –

EXTRACT FROM THE WILL OF STEPHEN GIRARD.

There are, however, some restrictions, which I consider it my duty to prescribe, and to be, amongst others, conditions on which my bequest for said College is made, and to be enjoyed, namely ****** Secondly, I enjoin and require that *no ecclesiastic, missionary, or minister of any sect whatsoever, shall ever hold or exercise any station or duty whatever in the said College; nor shall any such person ever be admitted for any purpose, or as a visitor, within the premises appropriated to the purposes of the said college*: – In making this restriction, I do not mean to cast any reflection upon any sect or person whatsoever; but, as there is such a multitude of sects, and such a diversity of opinion amongst them, I desire to keep the tender minds of the orphans, who are to derive advantage from this bequest, free from the excitement which clashing doctrines and sectarian controversy are so apt to produce; my desire is, that all the instructors and teachers in the College, shall take pains to instill into the minds of the scholars, the purest principles of morality, so that, on their entrance into active life, they may from *inclination and habit*, evince benevolence towards their fellow creatures, and a love of truth, sobriety and industry, adopting at the same time such religious tenets as their *matured reason* may enable them to prefer.

St. Nicholas Hôtel.

Cincinnati (Ohio), den 3. Juli 1869.

Heute erfolgt nur eins von den verabredeten Lebenszeichen, liebe Eltern, die den Zweck haben, Euch anzuzeigen, daß wir uns Beide, nach wie vor, vortrefflich wohl befinden, und daß nur die Zeit nicht reicht, einen längeren Brief zu schicken. Die Post geht nämlich sogleich ab, und wenn ich bis zur nächsten warte, so wird der Zwischenraum zwischen meinen Nachrichten zu groß. Ich sage Euch also in aller Kürze, daß wir am Dienstag den Niagarafall verließen, und nach einer 21stündigen Eisenbahnfahrt (mit 2 Stunden Unterbrechung in Buffalo, die wir zur Besichtigung jener Stadt benutzten) am nächsten Morgen hier ankamen. Eigentlich wollten wir schon morgen wieder weiter nach Louisville resp. Mammouth-Cave, indessen geht Sonntags kein directer Zug dorthin, und so ziehen wir vor, unsern Aufenthalt hier zu verlängern. Cincinnati ist eine Stadt, in der man wohl ein paar Tage behaglicher Ruhe verleben kann. In der Umgegend sind reizende Spazierfahrten zu machen, und die Vorstädte, besonders Clifton, welches auf einer Anhöhe gelegen und an hübschen Aussichtspunkten reich ist, sind mit so geschmackvollen Parkanlagen und Privatvillas versehen, wie ich es in der „Neuen Welt“, außer in New-York, noch nirgends gefunden habe. In Cincinnati sind die Deutschen das bei Weitem vorwiegende Element; sollte dies damit zusammenhängen?

Gestern hatten wir ein tropisches Gewitter; Blitze und Donner folgten sich Schlag auf Schlag, wie ich es nie erlebt, und Regen wie Wolkenbrüche. Nichtsdestoweniger ist die große Hitze, die wir andauernd in den letzten Tagen hatten, in Nichts gemäßigt.

Southern Hôtel.[56]

St. Louis (Missouri), den 8. Juli 1869.

Ich hoffe, Ihr habt den vorletzten Brief erhalten, und werdet daher nicht überrascht sein, liebe Eltern, wenn es heute heißt: auf! nach Californien!

Wir sind gestern Morgen hier angekommen, haben unsere Visiten gemacht, und sind nun, da alle früheren Nachrichten, die wir in Bezug auf die Pacific-Bahn empfangen hatten, von wohlunterrichteten Leuten bestätigt worden, entschlossen, eine noch einmal so weite Strecke von Euch fort zu reisen, als uns jetzt schon trennt. Was wird das für ein Bewußtsein sein, ein solches Stück Erde gesehen zu haben; was für neue und interessante Dinge und Zustände werden sich jenseits der Rocky-Mountains und der Prairien aufthun, – den Besuch bei den Mormonen vor Allem nicht zu vergessen.

Hauptsächlich drängt es uns weiter und weiter westlich, weil wir Amerika immer eigenthümlicher und merkwürdiger finden, je mehr wir uns von den östlichen Theilen entfernen.

Eine Vergnügungsreise, wörtlich genommen, ist eigentlich die unsrige nicht. Kein Theater, keine Promenaden, keine bequemen Wagenfahrten, auch wenig *große* Naturschönheiten giebt es! – die Beobachtung des vor sich gehenden Culturprocesses, der sich stufenweise von Osten her entwickelt und unaufhaltsam Vorläufer der Civilisation nach Westen hinausschiebt, würde eher einen Ausdruck wie „Erfahrungsreise“ rechtfertigen.

Außer den flüchtigen Gesprächen in Eisenbahnen, auf Dampfschiffen und auf Landwegen, sind es besonders längere Unterhaltungen mit Leuten, an die wir fast in allen Städten empfohlen sind, die uns über Vieles belehren, und wohl geeignet sind, uns ein Bild von diesem fabelhaften Lande zu geben, von dem ungeheuren Reichthume, der in ihm steckt, den noch nicht ausgebeuteten Hülfsquellen, dem rapiden Entstehen und Wachsen der Städte – und dem einzigen Streben und Gedanken ihrer Bewohner: der Gelderwerb. Hier thut jeder Alles, wenn es nur Geld einbringt; hier gilt kein Geniren, wenn man sparen kann und verdienen will; der *Gebildete* arbeitet mit der Absicht, sich möglichst schnell ein Vermögen zu schaffen – und dann fort; wohin? weiß er noch nicht, aber möglichst dahin, wo er etwas anderes sieht, als Gruppen von handelnden Männern; wo er von etwas anderem hört, als von „money making"; wo er auch reges *geistiges* Leben finden kann; wo er sieht, daß die Menschen Mittel und Wege haben, sich das Leben zu verschönern und anmuthig zu machen, und wo nicht nur die nackte Prosa eines, jedes Geschmackes an Kunst und höherer Kultur baaren, Daseins herrscht. Ich muß gestehen, mir wenigstens wäre der Aufenthalt, für längere Zeit oder immer, in irgend einer amerikanischen Stadt des Westens geradezu fürchterlich, und so gut wie unmöglich. Der Grund davon liegt auch in der republikanischen Verfassung, vor der ich jetzt, da ich sie im großartigen Maßstabe vor mir in Wirksamkeit sehe, mehr Abneigung bekomme, als bisher schon durch Lectüre, und in den kommunistischen Tendenzen, die sich selbstverständlich in Republiken breiter machen können, als in Monarchien. – Erträglich ist mir noch die politische Gleichheit aller Stände, aber unerträglich das Coquettiren mit socialer Gleichheit, an deren Realität doch nur ein Schwärmer glauben kann. Ein Coquettiren ist, um ein sehr alltägliches Beispiel zu nehmen, das schon bemerkte unterschiedslos sein sollende Fahren auf den Eisenbahnen. Eine so wenig wichtige Bedeutung das auch in irgend einer wesentlichen Frage hat, so ist es doch interessant, die Beweggründe zu vernehmen, in Folge deren es existirt, und den Eifer, mit dem ich es von Leuten einer gewissen Partei habe vertheidigen hören. Es soll keine Bevorzugung stattfinden. Der reiche Mann soll also verhindert werden, sich durch Bezahlung einiger Dollars der tagelangen Gesellschaft mit schmutzigen und oft selbst betrunkenen „Brüdern" zu entziehen; der Gebildete soll seinen Platz neben einem rohen und unfläthigen Gesellen behalten; in den Wagen, in dem die Damen, oder die Herren, welche Damen begleiten, sitzen, darf er, der Gebildete, nicht hinein, weil jener – mit Recht – nicht hinein darf. –

Aber kann man denn dieselben Leute, welche man zu ekelhafter Gesellschaft zwingt, während sie sich auf der Eisenbahn befinden, – kann man die abhalten, sobald sie den Cars den Rücken kehren, in ein theures Hôtel zu gehen, und so mit einem Male die Trennung herzustellen? Kann man sie abhalten, sich in ihren Wagen zu setzen und sich von ihrem Kutscher herumfahren zu lassen, während ihre „Freunde" aus der Eisenbahn mit ihren zerlumpten Schuhen den Lehm auf der Straße durchwaten müssen? Neben der großen Unbequemlichkeit, welche Einrichtungen, wie die eben besprochene, und andere ähnliche, für die besseren Klassen mit sich bringen, verursachen ihre Motive noch größeren Schaden durch falsche Vorstellungen, die sie in den Köpfen der Leute aus den unteren Ständen (ich erlaube mir, trotzdem ich in Amerika bin, an solche Unterscheidungen zu glauben) erwecken.

Wenn ich mich nicht irre, schrieb ich schon früher einmal über die Faulheit und Unbrauchbarkeit der Dienstboten, und daß nur die Schwarzen, manchmal wenigstens, guten Willen zeigen; ich will also dies Capitel heut auf sich beruhen lassen. Hier, im Anfange des sogenannten „Westens", hat man aber ihnen gegenüber noch mit einer anderen Noth zu kämpfen: das ist der hohe Lohn. Das Gehalt der Mädchen geht von 120 Dollars an aufwärts; zu diesem niedrigsten Satze verdingen sich indessen nur die gewöhnlichsten. Männliche Dienstboten sind fast nirgends als in den Hôtels zu finden, und überhaupt selten zu haben, weil die wenig bevölkerten Gegenden Jedem hinreichende Gelegenheit bieten, seine Kräfte selbstständig zu verwerthen. – Den großen Luxus, sich dienende Geister zu halten, können in Folge dessen die meisten der der gebildeten, aber nicht vermögenden Klasse angehörenden Leute nicht bestreiten, und sie sind genöthigt, alle, auch die niedrigsten, Verrichtungen selbst zu besorgen. Herr O., den ich hier sprach, hat selbst das Wasser für die Küche getragen, in der seine Frau kocht, selbst Holz gespalten, und selbst die Straße vor seiner Thür gefegt! Man darf sich nicht geniren, denn es bleibt Einem keine Wahl. – Als er einst eine Nähmaschine zu verkaufen hatte, nahm er sie auf die Schultern, und trug sie durch die Stadt; einem Träger hätte er wer weiß wie viel geben müssen. Auch wegen dieser Beschäftigung schämte er sich nicht, denn wenn ein Bekannter, der ihn dabei gesehen, sich überhaupt einen Gedanken darüber gemacht hätte, so wäre der einfach gewesen: „der spart sich so und so viel Geld"!

Herr R., Chef von F. A. R. & Co., bei dem ich von H. accreditirt worden bin und mit dem wir den gestrigen Abend zusammen im Deutschen Club zugebracht haben, erzählte mir von der Noth und der Schwierigkeit, die er hätte, Arbeiter zu finden. – Ein gewöhnlicher Tagelöhner in seiner Mehlmühle erhält für leichte Arbeit 3 bis 4 Dollars pro Tag; braucht er aber Jemand für ein schweres Geschäft (vielleicht der Sonne ausgesetzt, oder mit „sonstigen Hindernissen"), so kann er 10 Dollars pro Tag bieten, möglicherweise ohne Arbeiter zu finden! Ein „gentleman" nimmt lieber 3 oder 4 Dollars, und arbeitet im Schatten.

Für heute genug von diesen Zuständen. Ich kann und will mich überhaupt auf keine allzugenaue Schilderung derselben einlassen; dazu muß man mehr Studien, und gründlichere, machen, als wir es in den 4 Monaten können; ein „flüchtiges Wort" aber, welches diesen Gegenstand berührt, wird Euch vielleicht nicht unangenehm sein. –

Es ist ganz merkwürdig, wie die Prosa hier ansteckt; eine eingehende Beschreibung der Reise will mir nicht, wie im vergangenen Jahre in Schottland, von der Hand; dazu kommt noch die allgemeine Unruhe, die Einen hinunter auf die Straße zum Sehen und Hören treibt, und nicht in Gemüthlichkeit lange Briefe schreiben läßt. – Ich muß übrigens gestehen, daß ich diesem Triebe keinen Widerstand entgegensetze, und es mir schuldig zu sein glaube, die durch viel Zeit erkaufte Gelegenheit gehörig auszunutzen.

Zu den berühmtesten Persönlichkeiten in Amerika gehört der Senator und General Karl Schurz (der Befreier Kinkels), dem wir gestern einen Besuch abgestattet haben.

Karl Schurz ist ein „großes Thier", obwohl noch ein ziemlich junger Mann, etwa Mitte der Vierziger. Der Aufgang zu seinem Arbeitszimmer, welches sich im Geschäftshause der „Westlichen Post"[57] (der Zeitung, deren Miteigenthümer und Mitredacteur er ist) befindet, war etwa wie der zu einem Heuboden, und bestand aus zwei erbärmlichen hölzernen Treppen. Eine Masse wartender Leute und herumliegender Papiere verstehen sich in der Office eines Journalisten von selbst. Seine Persönlichkeit hat übrigens wenig von der eines Bolz à la Freytag[58]; er ist ein ruhiger und sanfter Mann; ob vielleicht ein leichtes Unwohlsein, welches er gerade hat, ihm nur diesen Anschein giebt, kann ich allerdings nicht beurtheilen. Wir gingen heute wieder zu ihm nach seiner Wohnung, und sind beide Male freundlich aufgenommen worden. Unserm Wunsche gemäß hat er uns eine Empfehlung an den Congreß-Deputirten der Mormonen, Captain Hooper, gegeben. Beiläufig bemerke ich, daß wir, als wir nach seinem Hause kamen, eine große Masse Maurer und Handwerker dort beschäftigt fanden: auf unsere Frage, ob das noch ziemlich neu aussehende Haus etwa umgebaut werden sollte, erhielten wir zur Antwort, das sei nicht der Fall; die Front wäre nur in der vorletzten Nacht *um ein paar Zoll gesunken*, und diesem Schaden sollte abgeholfen werden. Inwendig war Alles im gewohnten Geleise. –

Wie mir zu Muthe ist, daß ich mich jetzt am Missisippi befinde, kann ich gar nicht sagen. Als wir gestern auf sein westliches Ufer, von Indianopolis kommend, passirten, spukten alle Erzählungen und Beschreibungen, die man als Kind von dem „Vater der Ströme" liest, in meinem Kopfe herum, und ich konnte es noch nicht fassen, daß ich nun wirklich auf ihm sei, und alle die riesigen Dampfer, die dort lagen, die „Mississippi-Dampfer", die nach New-Orleans hinuntergehen. Eine große Fähre, ähnlich wie die im New-Yorker Hafen, empfängt die Passagiere des Eisenbahnzuges, welche durch fünf oder sechs vierspännige Omnibus im Galopp hinaufgebracht werden, und befördert sie über den Strom, der hier etwa eine Meile breit ist. Das Wasser sieht gelb und schlammig aus, und die Ufer sind sehr niedrig. Enorme Regengüsse in der letzten Zeit, die noch immer nicht aufhören, haben den stets ungestümen Missouri noch wilder gemacht, und er schleppt allen Schmutz in den Mississippi hinein, der vor seiner Vereinigung mit ihm ganz klar sein soll. Die Wasserleitungen in St. Louis werden davon sehr afficirt, und das Wasser in unserem Hôtel, in dem man sich waschen soll, läßt eine Schmutzkruste zurück, sobald es einige Augenblicke steht. „It is clean water nevertheless" bemerkte ein gnädiger Kellner, den ich deshalb befragte. Das Hôtel ist übrigens vortrefflich, und wir haben Zimmer mit Privat-Bad, etc.

Ehe ich jedoch von St. Louis mehr berichte, will ich die Reise hierher kurz abmachen.

Wir verließen Cincinnati erst am Montag Mittag, und zwar per Dampfschiff, weil die Eisenbahn durch den Einsturz einer Brücke, auf der ein Güterzug verunglückte, an demselben Morgen unfahrbar geworden war. Die Reise auf dem Ohio war ganz herrlich, und es ist uns nun lieb, daß wir sie nicht versäumt haben; sie bot hübsche Blicke auf die unausgesetzt stark bewaldeten, mit wenigen Ansiedelungen und noch wenigeren Dörfern bebauten Ufer, und die große Hitze wurde durch den von der Bewegung des Schiffes hervorgebrachten Luftzug in angenehmer Weise gemildert. So saßen wir die zehn Stunden, bis wir des Abends in Louisville ausstiegen, ruhig und friedlich auf dem Verdeck und kneipten recht gründlich Natur. Störend war nur unsere zahlreiche Umgebung durch das entsetzliche Spucken, welches mir hier ärger wie je zu sein schien. Es ging über meinen Kopf, über Arme und Beine fort; – ich muß zugeben, mit großer Geschicklichkeit: aber ich wagte gar nicht, mich zu rühren, aus Furcht, dann getroffen zu werden. – Der Boden des Verdecks war in kurzer Zeit ganz beschmutzt, so daß ich schließlich meine Beine in die Höhe zog, und sie über das Geländer legte, um meine Stiefel rein zu erhalten.

Hierbei will ich gleich noch einer anderen, allerdings nicht so schlimmen Eigenschaft der Amerikaner gedenken, welche dem Europäer auf den meisten Dampfern, bei Gelegenheit der allgemeinen Mahlzeiten, (die im Preise des Billets gleich miteinbegriffen sind), auffällt. Kaum schlägt ein Schwarzer einen Tam-Tam als Zeichen, daß das Essen auf dem Tische steht, so stürzt die ganze Gesellschaft Hals über Kopf in den Saal, und sucht sich Plätze. Wenn man nicht flink ist, kann es Einem passiren, daß man keinen mehr bekommt, denn Billets werden ausgegeben, so viel verlangt werden, die Zahl der Plätze am Tisch indessen ist nur beschränkt. Diese rasende Eile legt sich nun aber selbst während des Essens nicht; Niemand spricht ein Wort, und Alle sind, wesentlich mit Nachhülfe der Finger, beschäftigt, möglichst viel möglichst rasch in sich hineinzuschlingen; weshalb diese Geschwindigkeit, weiß ich nicht; ich vermuthe aber, damit sie bald zu ihrer Lieblingsbeschäftigung, dem Spucken, zurückkehren können, dessen sie sich mit einem Takte, den ich gar nicht an ihnen vermuthet hätte, bei Tische enthalten, – vielleicht mit Rücksicht auf die Damen, die sämmtlich, mit den zu ihnen gehörigen Herren – aber nur solchen –, das obere Ende der Tafel einnehmen. Die Gerichte sind des Morgens, Mittags und Abends ganz gleich, außer daß Thee und Caffee beim Mittagessen durch Suppe ersetzt werden, und beim letzteren noch Gemüse, in Gestalt von Cabbage oder Squash, erscheint. Sonst sind Eggs, Salt-Fish, Omelettes, Chops, Beefsteaks, Ham und tausend andere Geschichten der gewöhnliche Speisezettel, und zwar wird jede Portion auf einem besonderen Schüsselchen gegeben, so daß sich eine förmliche Legion davon auf dem Tische befindet. Leider schmeckt eine Schüssel genau wie die andere. Hot rolls ist ein heißes Brod, das die Amerikaner leidenschaftlich gern essen, und wovon sie alle dyseptisch werden; es kostet ordentlich Mühe, sich kaltes zu verschaffen; dasselbe ist durch das heiße Gebäck gänzlich vom Frühstückstisch verdrängt. –

In Louisville übernachteten wir in einem großartigen Hôtel, dem

Galt House[59], und fuhren am anderen Morgen erst 4 Stunden per Bahn, und dann 3 Stunden in einem offenen Car (der letzte Weg, oder Nicht-Weg, schüttelt Einen mehr durch als die Scotia beim Sturme) nach der Mammouth-Cave. Dies ist eine unterirdische Höhle, deren Ausdehnung bisher noch unbekannt ist. Eine Wanderung von 18 Meilen wird gewöhnlich in ihr unternommen, und zwar umfaßt diese höchst wahrscheinlich nur einen kleinen Theil von ihr; bei Weitem der größte soll unerforscht sein. Wir begnügten uns mit einer Reise von 9 Meilen, die wir in Gesellschaft von 12 Personen machten, jeder mit einer Hängelampe bewaffnet. Einzelne prachtvolle Stalaktiten-Bildungen und Felsformationen sind in den verschiedenen Gängen und Grotten, die man durchwandert, und die bald so niedrig sind, daß man nicht aufrecht stehen kann, bald so hoch, daß das Auge vergeblich sich bemüht, die Decke zu erkennen. Einmal zwängten wir uns durch eine enge Passage, die fat man's misery heißt, weil ein sehr beleibtes Individuum kaum Platz haben würde, hindurch zu kommen; dann gelangten wir wieder in eine große Grotte, welche die star-chamber genannt wird, weil, wenn die Lichter entfernt werden, und nur ein schwacher Schimmer gegen die obere Wand fällt, es so aussieht, als wäre diese der Nachthimmel, und in ihr befindliche Punkte helleren Gesteins die Sterne, – eine ganz frappante Täuschung; – und so sahen wir eine Menge Eigenthümliches nacheinander.

Das Wunderbarste ist eben die kolossale Ausdehnung der Höhle. In ihr ist die Temperatur im Sommer und Winter stets gleich, und nur in der Nähe des Eingangs, wo im Winter warme Luft aus der Höhle ausströmt, im Sommer in sie hineinströmt, merkt man einen Zug, der bei plötzlichem Witterungswechsel so stark ist, daß er ein Licht sofort auslöscht. – Etwa 200 Fuß nach innen zu vom Eingange entfernt, steht eine kleine Hütte, in der einst einige Schwindsüchtige gewohnt haben, die von der unveränderlichen Gleichmäßigkeit der Temperatur Heilung hofften. Ihre Nahrung wurde ihnen täglich von außen gebracht. So viel ich erfahren habe, ist aber die Krankheit in Nichts gemildert, und den Einsiedlern ihr frühes Ende doch nicht erspart worden; vielleicht hob der Mangel an Sonnenlicht den etwaigen guten Einfluß jener Temperatur wieder auf. –

In der Höhle sind mehrere Gewässer, in denen – wunderbar genug! – *augenlose* Fische und Krabben leben. Die Natur hat anscheinend, da in der absoluten Finsterniß Augen doch nichts nützen würden, jene Geschöpfe ohne solche gelassen, und um Euch factisch davon zu überzeugen, bringe ich einen Fisch und eine Krabbe, in Spiritus gesetzt, mit. Der Fisch ist etwa 3½ Zoll lang, ganz weiß, und so durchsichtig, daß man fast jede Faser in seinem Leibe sehen kann. Am anderen Morgen verließen wir das bei der Cave befindliche, recht schlechte, Gasthaus, gingen wieder nach Louisville zurück, setzten in einer Fähre nach der auf dem rechten Ufer des Ohio gelegenen Vorstadt Jeffersonville über, und fuhren von da per Bahn ohne Aufenthalt hierher, wo wir am nächsten Tage früh um 8 Uhr, nach 25stündiger Reise, anlangten. In Indianopolis bekamen wir einen sleeping car angehängt, und benutzten ihn mit vortrefflichem Erfolge.

Morgen geht es also, si diis placet, an die weite Reise, und zwar zunächst in 26 Stunden nach Omaha; dort übernachten wir vielleicht, oder fahren gleich weiter mit der Union Pacific Railway, die sich beim Salt-Lake an die Central Pacific anschließt. Von Omaha nach Salt-Lake City (der Hauptstadt der Mormonen) sind weitere 2 Tage und 2 Nächte Eisenbahnfahrt, und noch etwa 30 Meilen Wagenfahrt; Salt-Lake City liegt nämlich nicht direct an der Bahn. Von Salt-Lake City bis San Francisco, über Sacramento, sind ebenfalls etwas mehr als 2 Tage und 2 Nächte.

Von Salt-Lake City aus schreibe ich zunächst; indessen wird der Brief geraume Zeit gebrauchen, um zu Euch zu gelangen. – Aengstigt Euch daher nicht, wenn ihr einmal länger als sonst ohne Nachrichten bleibt! Die Post ist sehr liederlich, und über den halben Erdball geht leicht ein Brief verloren! –

P. S. Der Norddeutsche Consul[60], an den wir von B. und von Washington aus empfohlen sind, ist von sehr großer Freundlichkeit gegen uns gewesen. Er machte uns gestern einen zweistündigen Besuch im Hôtel und holte uns später ab, um uns seiner Familie, bestehend aus Frau und einer liebenswürdigen Tochter, vorzustellen. Wir verlebten dort einen angenehmen Abend; erwähnen muß ich, daß man uns unter Anderm eine Vase aus der Königlichen Porzellan-Manufactur, ein Geschenk des Königs an den Consul, und ein Album mit Photographien aus der Dresdener Gallerie zeigte; beides hier seltene Gegenstände!

Heute wurden wir mit sämmtlichen Journalisten der „Westlichen Post“ bekannt gemacht, und von den Redacteurs zu mehreren Flaschen

Wein eingeladen, zu welchen sich, uns zu Ehren, viele Leute aus verschiedenen Ständen und Nationen zusammenfanden.

Die Zahl der Deutschen in St. Louis ist verhältnißmäßig größer als in irgend einer anderen Stadt: von 230,000 Einwohnern sind über 100,000 Deutsche. Wenn man bedenkt, daß im Jahre 1830 in St. Louis nicht mehr als 5000 Menschen wohnten, muß man wirklich staunen.

Metropolitan Hôtel.[61]

Omaha City (Nebraska), den 11. Juli 1869.

Durch einen – oder vielmehr mehrere – Zufälle habe ich Zeit, Euch, liebe Eltern, noch ein herrliches Lebewohl zuzurufen, bevor ich die Reise über den Land-Ocean antrete.

Wir dachten eigentlich gestern Mittag hier einzutreffen, und heute Morgen mit der Pacific-Bahn abzukutschiren; statt dessen kamen wir erst heute Mittag hier an, und können uns daher erst morgen früh „einschiffen". – Das ging so zu: die beiden Missouri-Bahnen, auf denen man von St. Louis hierher fährt (die Hannibal- und St. Joseph-, und die St. Joseph- und Council-Bluffs-Linie, deren Andenken hierdurch auf ewig gebrandmarkt sein möge), können große Regengüsse, wie wir sie hatten, nicht vertragen; und so haben wir erstens, weil die Hälfte einer Brücke fortgeschwemmt war, in einem elenden Nest, Hamilton mit Namen, 5 Stunden liegen müssen, bis sie wieder etwas kurirt war, und zweitens waren ganze Strecken (eine z. B. 4 Meilen lang) vom Missouri überfluthet worden, und die Locomotive fuhr auf ihnen nicht rascher, als ein gewöhnlicher Wagen. So brauchten wir zu der Strecke St. Louis–Omaha statt 24 Stunden volle 40, versäumten den Anschluß, und sitzen nun wie fromme Engländer den Sonntag über in Omaha still, was uns übrigens gar nichts schadet, da es eine für uns zweckmäßige Ruhe ist. Die Mittagsstunde, in der wir uns augenblicklich befinden – es ist noch zu heiß, um sich herumzutreiben –, benutze ich zu diesem Briefe. Gegen Abend werden wir etwas in der Stadt bummeln, deren Lage (am Missouri) sehr hübsch ist.

Es ist angenehm, daß die Nächte kühl und schön sind, und man vortrefflich schlafen kann, so daß wir uns Beide bei vorzüglichen Kräften und in der besten Gesundheit befinden. Für unsere Reise sind wir völlig ausgerüstet, als Hauptstück mit einem großen Kober voll von Pasteten, Würsten, Zwieback, Rothwein, Cognac etc., mit Servietten, Messern, Gabeln und Bechern, was wir alles in St. Louis im Schweiße unseres Angesichts, bei einer unvergeßlichen Hitze von einem Laden zum andern umherlaufend, gekauft haben. Es giebt zwar jetzt unterwegs Eßhäuser (eating-houses) für alle Mahlzeiten, indessen könnte es sich doch einmal ereignen, daß man irgendwo stecken bleibt und lange warten muß, und so ist diese Vorsicht, deren sich fast jeder Reisende bedient, sehr wohl angebracht. Uebrigens waren wir in großer Versuchung, den Korb schon auf der Fahrt hierher – wo die Verpflegung, weil man unter gewöhnlichen Umständen nicht auf sie zu rechnen braucht, gleich Null war – zu öffnen, aber wir bezwangen uns, hungerten, und weihen ihn erst auf der Pacific-Bahn ein. Unsere Billets nach San Francisco haben wir bereits in der Tasche; auch in einem „Pullmann's Palace Sleeping-Car" (von denen je zwei jeden Expreßzug begleiten) haben wir eine Abtheilung mit 2 Betten belegt. Unser Wagen geht bis zum Salzsee durch.

Zur Bezeichnung gewisser amerikanischer Zustände diene Folgendes. Als ich auf der Missouribahn den sleeping-car betrat, fragte ich, weil sich unter den Passagieren allerhand Gerüchte über die große Unsicherheit der Bahn verbreitet hatten, den Conducteur, wie gewöhnlich einen wohlbeleibten Schwarzen: Well, how is the road? Darauf antwortete der ganz kühl: Rather bad, Sir! Zwischen Berlin und Cöln braucht man eine solche Frage nicht zu thun, und wenn man sie thäte, so würde die Antwort wohl etwas anders lauten!

Hier ist es so voll, daß wir in dem Hôtel, wo wir logiren wollten, kein Zimmer mehr bekamen. Es passiren schon sehr viele Leute nach Westen durch, weniger kommen in der umgekehrten Richtung. Omaha wird gewiß durch den sich mehr und mehr verstärkenden Verkehr in kurzer Zeit bedeutend wachsen; ist doch bereits in den paar Monaten, seit denen man überhaupt etwas von den wenigen Holzhäusern weiß, die diesen Namen führten, seine Einwohnerzahl auf 18,000 gestiegen!

Townsend House.[62]

Salt-Lake City (Utah), 15. Juli 1869.

Trotzdem ich bisher über diejenigen Philosophen gelacht habe, die Alles für nicht wirklich erklären, selbst ihre eigene Person nicht, so bin ich doch jetzt stark versucht, ihr Anhänger zu werden.

Ich hatte nie auch nur den leisesten Gedanken, daß es mir möglich sein würde, in die Stadt der Mormonen zu kommen, und jetzt, wo ich thatsächlich in ihr bin, kann ich noch immer nicht an die Wirklichkeit davon glauben! Wenn ich mir nun vorstelle, daß ich vermittelst des größten und wunderbarsten Products menschlicher Arbeit, welches in den letzten Jahren entstanden ist, hier angelangt bin – daß ich die Hälfte der Pacific-Bahn gesehen und befahren habe, so ist das erst recht ein Grund zu solchen Gefühlen. Ueber eine Reise, wie ich sie jetzt mache, muß man entweder ein Buch schreiben, oder sich nur mit kurzen Andeutungen sehr allgemeiner Art begnügen.

Ich muß Euch übrigens bemerken, daß Ernst und ich – sofern wir uns nicht anders besinnen – von San Francisco aus an irgend eine hervorragende Zeitung in Berlin, etwa die „National-Zeitung", einen Bericht über die Pacific-Bahn schicken werden. In St. Louis sind wir von den Redacteurs der „Westlichen Post" sehr gebeten worden, ihnen einen solchen zukommen zu lassen, indessen werden wir das wahrscheinlich nicht thun. Ein derartiger Artikel darf nicht allzu schlecht geschrieben sein, und erfordert also Aufmerksamkeit, diese aber wieder ein Opfer an Zeit, das wir unsern Berlinern vielleicht bringen würden, wozu uns jedoch die Leute in St. Louis zu fern stehen. Wir werden uns die Sache, wie gesagt, noch überlegen. Wie sehr es wahrheitsliebenden amerikanischen Redacteurs darum zu thun sein muß, ein unbefangenes, wenn auch laienhaftes Urtheil über das große Werk zu vernehmen, kann man nur ermessen, wenn man sich hier mit eigenen Augen überzeugt, wie selbst offizielle Berichterstatter den Bestechungen oder der Parteileidenschaft folgen.

Und nun Einiges über unsere Reise. – Wir fuhren von Omaha City Montag den 12. früh um halb 9 Uhr ab, und trafen Mittwoch um halb

11 Uhr Morgens in Uintah, der Station, wo wir die Eisenbahn verließen, ein, unter ziemlicher Einhaltung der planmäßigen Zeit. Unser Zug war nicht groß; er bestand aus einer Locomotive, zwei Gepäck- und drei Personenwagen, und zwei sleeping-cars, die den Zug schlossen. Die Personenwagen waren ziemlich leer, dagegen die sleeping-cars fast ganz besetzt, meistens mit Californiern – unter ihnen eine junge Wittwe mit ihrem Bruder, welche wir in St. Louis kennen gelernt hatten, und mit denen jetzt bereits „Freundschaft fürs Leben" geschlossen ist. Als wir uns gestern trennten (sie fuhren nach San Francisco durch) wurden schon Verabredungen für unser Wiedersehen dort getroffen. Unter unsern Frühstückskörben herrschte auf der ganzen Fahrt Gütergemeinschaft, und wir tauschten Erfrischungen aller Art aus.

Auch die übrigen Mitreisenden, mit denen sich das Verhältniß wie das auf einer langen Seefahrt gestaltete, waren viel anständiger und besaßen viel bessere Manieren, als ich es bisher auf irgend einer Bahn in Amerika gefunden habe. Ein junger französischer Ingenieur, Mr. Jozon[63], den wir in Omaha trafen, ist uns ein sehr angenehmer Gesellschafter, mir speciell noch eine Art Uebungsmaschine fürs Französische, das zu Gunsten des Englischen sehr in den Hintergrund getreten war; ich habe das zu meinem Entsetzen bemerkt. – Wie wir, reist auch er nur, um sich in der Welt umzusehen.

Die ersten 500 Meilen von Omaha an geht die Bahn über Prairien, endlos wie das Meer, mit dem ihnen eigenthümlichen langen Grase, das der Wind wogen macht, ein Eindruck, ebenfalls ähnlich dem der bewegten See. Ich bemerkte übrigens, daß die Prairien, die wir auf der Missouri-Bahn bereits in langen Strecken durchschnitten hatten, noch höheres, manchmal mannshohes, Gras hatten, als diese. Man muß sich aber nicht denken, daß sie ganz eben sind; vielmehr wird der Horizont von Bodenerhebungen unterbrochen; nur die Vegetation ist stets ein und dieselbe, und der Anblick bleibt sich immer gleich. Hier und da sah man kleine ländliche Wirthschaften und Blockhäuser, um sie herum Felder mit hohen Maisstauden und Hafer, freiweidendem Vieh und Pferden. Auch indianische Wigwams zeigten sich vielfach auf dieser Strecke, deren Bewohner zu befreundeten Stämmen zu gehören schienen. Die ersten Indianer traf ich in Omaha, wo sie mit ihrem Bogen nach einem Ziele schossen; diese waren zahm, und sahen für einen mit Cooper'schen Begriffen an sie Herangehenden degenerirt aus;

wie die Gesichtszüge derer längst des Weges waren, konnte ich nicht unterscheiden. – Am Schlusse des Briefes werde ich noch weiter über die Herren sprechen.

Diese ersten 500 Meilen gehen fast in einer geraden Linie, und man denkt, man fährt ohne die geringste Steigung. Aber wir hoben uns fortwährend 10 Fuß per Meile, so daß wir, als wir am nächsten Morgen in Cheyenne, am Ende der Strecke, aufwachten, bereits auf einer Höhe von 5931 Fuß[64] angelangt waren. Ich wurde in sehr eigenthümlicher Weise hiervon belehrt. Als ich nämlich in Cheyenne, gleich nachdem ich aufgestanden war (klingt das nicht komisch: *aufstehen* in einer Eisenbahn?), mein Barometer hervorholte, sah ich, daß dasselbe auf 22" 9''' stand. Am Morgen vorher hatte es eine Höhe von 28" 6''' gehabt; ich glaubte, es wäre zerbrochen, bis ich mich erinnerte, daß wir um 5000 Fuß gestiegen waren! (Omaha liegt 966 Fuß hoch.)

Die sogenannten „Stationen" der Bahn bestehen aus einzelnen, oder 2 oder 3 Häusern; sie versorgen die Locomotive mit dem nöthigen Holz und Wasser; die erwähnten eating-houses trifft man dreimal am Tage, und bei ihnen hält der Zug etwa eine halbe Stunde für die Speisung der Passagiere, welche im Anfange ziemlich gut ist, je nach der Mitte der Bahn zu aber schlechter wird, – wie natürlich, da in jener Gegend fast nichts wächst, und daher alles durch langen Transport hingeschafft werden muß. Unter den eigenthümlichen Gerichten, die man zu essen bekommt, nenne ich Antilopenbraten. – Die Antilopen sieht man in großen Mengen herumspringen, und es macht sich sehr niedlich, wenn sie, von dem ungewohnten Geräusch des Zuges, oder auch von der Detonation einer Flinte, die ein Mitreisender zu seinem Plaisir aus dem Fenster losdrückt, erschreckt, in die Weite fliehen. – Die eating-houses befinden sich an bewohnten Plätzen, wahrscheinlich zukünftigen Städten. Jetzt sind sie ein Conglomerat von Holzhäusern. Die Namen dieser „Cities" sind Grand-Island, North-Platte, Cheyenne, Laramie, Rawlings, Wahsatch; von ihnen haben Grand-Island 400, Cheyenne 3800, Laramie 1000 Einwohner. Im Durchschnitt kann man sagen, daß man (ich rede, wohlverstanden, immer nur von den ersten 500 Meilen) alle 12 bis 15 Meilen ein Blockhaus, und alle 75 oder 100 Meilen ein eating-house trifft. – Militärposten, größere oder kleinere, gegen die feindlichen Indianer, kampiren etwa alle 20 Meilen, theils auf den „Stationen", theils in Zelten.

In dem Maße, als man höher steigt, wird die Luft schöner und wohlthuender. Die Sonne brennt zwar, wie stets auf den Bergen, aber der Schatten ist sehr angenehm, und die Nächte so kühl, daß man recht gut die wollene Bettdecke der sleeping-cars vertragen kann. Die Schönheit der Sonnenuntergänge in diesem Theile Amerikas ist so bekannt, daß ich sie nur zu erwähnen brauche. Schon auf der ganzen Reise haben sie uns viele herrliche Genüsse verschafft, und der erste Abend auf der Prairie war reich an den wunderbarsten Farbenspielen. Nach eingetretener völliger Dunkelheit entstand ein starkes Wetterleuchten, das den ganzen Horizont in Flammen setzte, wie ich es zuvor nie gesehen.

Die nächste Haltestelle an dem der Abfahrt von Omaha folgenden Morgen ist Cheyenne, wo zuerst die Rocky-Mountains mit ihrem ewigen Schnee in Sicht kommen. Von da langt man in etwa zwei Stunden auf dem höchsten Punkte der Pacific-Bahn, einer Station Namens Sherman, an. Hier ist man 8242 Fuß über dem Meer; so hoch sind in Europa Locomotiven noch nicht gekommen. – Von Cheyenne bis Sherman steigt man 2300 Fuß; der Zug wird auf der Strecke von zwei Locomotiven gezogen. Die Elevation beträgt 88,176 Fuß per Meile.

Man bleibt nun bis zum folgenden Morgen in ziemlich ein und derselben Höhe, etwa 7000 Fuß, bald mehr, bald weniger. Das Barometer zeigte bei Sherman nur 21" 5'''; dies ist der niedrigste Stand, den ich beobachtet habe. – Die Luft wird immer angenehmer, und man genießt eine wahre Erholung von der östlichen Hitze. Wir saßen des Abends auf der Platform unseres sleeping-car mit Paletots.

Etwa eine halbe Stunde hinter Cheyenne hört das üppige Gras der Prairien auf; kahle Hügel und eigenthümliche Sandsteinformationen auf ihnen zeigen sich hier und da; manchmal fährt man, auf einer ziemlich glatten Fläche, über eine tiefe Schlucht oder ein kleines Flüßchen. Die Ebene ist rother Granit; gelegentlich durchschneidet die Bahn auch einen Felsen von gleichem Gestein.

Man nähert sich den Schneebergen, die bis 17000 Fuß hoch sind (also höher als die Alpen), immer mehr, bleibt aber stets in einiger Entfernung von ihnen, und die Bahn geht etwa 150 Meilen in der eben geschilderten Weise fort. Beleuchtung und Farben der Berge sind über die Begriffe schön.

Die folgenden 150 Meilen führen durch eine Wüste, baumlos, ohne Gras – kurz, was man sich unter einer Wüste vorstellt. Hier mußten die Arbeiter, welche die Bahn bauten, durch besondere Züge mit Wasser versehen werden, da sowohl dasjenige, welches hier und da in ganz kleinen Gräben den Sand durchrieselt, als auch das, welches sich in kleinen Seen, von denen man an einigen vorbeifährt, findet, wegen des bitteren und Salzgeschmackes ungenießbar ist. Einzelne der kleinen Wassergräben sind ausgetrocknet, und auf ihrem Boden sieht man eine weiße Substanz, den Rückstand des Salzes, – wie auch die Ufer der Seen mit der gleichen Masse bedeckt sind. Auf diesen letzteren 150 Meilen befindet sich in einer Höhe von 7000 Fuß die Wasserscheide, von der ab die Gewässer nach Osten zum atlantischen, nach Westen zum stillen Ocean fließen.

Den Abschnitt schließt der sogenannte Green-River. Hier sieht man wieder Grün und Spuren von höherer Vegetation. Eigenthümlich sind einzelne Bildungen des Bodens, lange und weite Oeffnungen, häufig wie Betten ausgetrockneter Flüsse, oder künstlich angelegte Wege oder Befestigungen. Die Regelmäßigkeit solcher Formationen ist erstaunlich; sie sind wie von Menschenhand entstanden. Groteske Felsmassen, die aussehen wie Kirchen oder Gestalten, sind überall und überraschen Einen förmlich, wenn man plötzlich auf sie hinblickt; man denkt, auf einmal der Oede entrückt, und wieder in eine Stadt versetzt zu sein.

Wir kommen jetzt zur letzten Strecke unseres Weges, zwischen Wahsatch und Uintah. Wahsatch liegt noch 6819 Fuß hoch; von da geht die Bahn bis Uintah in 3½ Stunde nahezu 2500 Fuß abwärts, nunmehr auf den westlichen Zügen der Rocky-Mountains. Hier war das schwierigste Ingenieur-Werk zu verrichten. Auf großen Curven kommt man durch Tunnels, lange Felseinschnitte, über endlose Brücken und Viaducte, und durch tiefe Thäler. Manchmal geht es wieder steil ein paar hundert Fuß bergauf; der Weg ist höchst interessant. Der weite Blick ist abgeschnitten, und die engen Thäler, in denen sich die Bahn entlang windet, werden von gewaltig hohen Granit- und Sandstein-Felsen eingeschlossen. Man bezeichnet diese Thäler mit dem spanischen Namen Cañon. Die beiden bedeutendsten sind das Echo- und Weber-Cañon; durch sie hindurch gelangt man in das Plateau des Salt-Lake. In den Cañons halten sich bereits Mormonen auf; man sieht hier und da an den Ufern der sie durchströmenden kleinen Gebirgsbäche Farmhäuser von Mitgliedern dieser Secte – allerdings sehr vereinzelt – stehen.

Uintah liegt noch an der Union-Pacific-Railway, oder Rail*road*, wie man in Amerika sagt, die sich bis Promontory erstreckt; dort fängt erst die Central-Pacific-Bahn an. Ich kann trotzdem die Beschreibung der Union-Pacific als beinahe ganz beendigt betrachten, da die Entfernung von Uintah bis Promontory etwa nur 60 Meilen beträgt. Von San Francisco aus also Fortsetzung, per Central-Pacific!

Ueber die Art des Baues der Bahn kann ich mir als Laie kaum ein Urtheil zumessen. Folgendes sind aber für Jeden klare Thatsachen:

Die Bahn hat *ein* Geleise (wie alle in Amerika, mit Ausnahme einer geringen Anzahl im Osten). Die Brücken sind durchweg von Holz; die Dämme meistens so schmal, daß der Rand des Wagens zu beiden Seiten über sie hinausragt; die Felseinschnitte so eng, daß man sich hüten muß, auch nur die Hand zum Fenster hinauszustrecken, außerdem manchmal überhängend, so daß ein gelegentlicher Zusammensturz möglich ist.

An allen diesen mangelhaften Punkten, besonders aber an der Substituirung von eisernen Brücken für die hölzernen, wird mächtig gearbeitet, und bei den unsichersten Stellen ist sogar hier und da ein Bahnwärter postirt; – ein Amt, das mir beinahe schlimmer vorkommt, als das eines Wächters auf dem Leuchtthurme von Eddystone[65]; von aller Welt so gänzlich isolirt ist selbst der nicht!

Am gefährlichsten ist die oberflächliche Art, wie die Schienen aneinandergelegt und befestigt sind. Trotz alledem soll noch kein größeres Unglück vorgekommen sein; das wäre allerdings mehr, als man von irgend einer amerikanischen Bahn, die länger als ein paar Monate besteht, sagen könnte. Man fährt im Allgemeinen sehr vernünftig und langsam, und paßt gut auf. Nichtsdestoweniger ereignete es sich, daß unser letzter Wagen zweimal, und zwar binnen einer Stunde, aus den Schienen kam, ohne daß indessen Jemand verletzt wurde. Die Communication mit der Locomotive ist vortrefflich; dieselbe wird sofort benachrichtigt und hält still, was bei den diesmaligen „accidents“ um so leichter geschehen konnte, als das Entgleisen gerade auf einer Brücke resp. einem Viadukte stattfand, wo die Locomotive schon ohnedies den Dampf abgesperrt hatte. Für uns war dies Factum trotzdem nicht gerade beruhigend zu nennen, denn man bleibt auf den Brücken nicht gern länger, als nöthig ist, um glatt hinüber zu fahren! – Uebrigens sind sowohl die Hemmapparate als auch diejenigen, um die entgleisten Wagen wieder auf die Schienen zu bringen, höchst praktisch und ingeniös.

Alles in Allem kann man nicht sagen, daß die Bahn schlechter ist, als eine andere in Amerika; unsere europäischen Begriffe von Sicherheit kann man freilich hier nicht anwenden. Wie man meint, soll die Central-Pacific-Bahn die Union-Pacific noch übertreffen; ich werde seiner Zeit auch über sie wahrheitsgetreu berichten.

Als wir in Uintah ausstiegen, fanden wir zwei vierspännige coaches, welche die nach Salt-Lake City Reisenden aufnahmen. Die Entfernung bis dahin beträgt 25 Meilen, die wir in 5 Stunden zurücklegten. Der Weg ist eine unaufhörliche Folge von kleinen unregelmäßigen Erhöhungen und Vertiefungen; man wird gerüttelt und geschüttelt, daß man denkt, die Knochen zerbrechen Einem. Durch eine wasserlose Sandwüste, ohne Gras, und nur mit verkrüppeltem Gesträuch bewachsen, am Fuße kahler Berge entlang, geht es fort; da plötzlich, nachdem man auf einer Höhe am Wege angelangt ist, liegt der See vor Einem mit seinem tiefen, tiefen Blau, welches das des Genfersees und der italienischen Seen weit übertrifft; der Eindruck, den er macht, ist unbeschreiblich. – Die Aussicht bleibt von nun an so prachtvoll, daß man wünscht, die im übrigen so unangenehme Fahrt möchte gar nicht enden. Am gegenüberliegenden Ufer, viele Meilen entfernt, ist ein langer Zug hoher Felsgebirge; im Süden sieht man die schneebedeckten Kuppen der Wahsatch Mountains, an deren Fuß Salt-Lake City liegt. Hier erschien mir das schon oft erwähnte Farbenspiel der Beleuchtung am außerordentlichsten; *mitten am Tage* sah man ein Blau, Lila, Rosa, und einen Duft über dem Ganzen, daß es märchenhaft war. Von der todten Wüste, der todten unmittelbaren Umgebung aus, in der wir uns befanden, ein solcher Blick, war ein zu merkwürdiger Contrast; man glaubte drüben, jenseits des Sees, sei ein Feenland, – und doch machten Alles nur die Farben; es ist drüben eben solche Wüstenei, als am diesseitigen Ufer.

Von Salt-Lake City kann ich noch nicht viel schreiben, da ich mich erst ungenügend umgesehen. Ich hoffe, Euch von hier noch einen Brief mit etwas Mormonen-Schilderung schicken zu können; wo nicht, so geschieht es von San Francisco aus. Heute will ich Euch nur sagen, was die ganze Stadt, selbst dem ersten oberflächlichen Anblicke nach, für ein Wunder ist. In einer Entfernung von etwa 15 Meilen vom See liegt sie, weit ausgebreitet, inmitten des Wüstensandes; Rasen und Bäume sind in den breit angelegten Straßen; kleine Bäche, die das Trinkwasser von den Bergen herableiten und die künstlich hergestellt sind, fließen an beiden Seiten der Dämme, und verbreiten angenehme Kühlung. – Das Ganze sieht aus wie ein Dorf, aus kleinen reinlichen Häusern bestehend, die appetitlich und nett sind: unser Hôtel, Townsend House, ist wie die übrigen gebaut und sehr ländlich, recht geschaffen zu einem längeren Aufenthalte. – Wir sind entschlossen, wenigstens vier Tage hier zu bleiben, sowohl um dem Gottesdienst im Tabernakel am Sonntag beizuwohnen, als auch, um uns an der prachtvollen Luft, die hier weht (denkt daran, daß wir in einer Höhe von ungefähr 4500 Fuß sind), zu erfrischen. Es ist zwar warm, aber ein kühler Wind kommt stets vom See herüber, und gestern Abend war es schon von 6 Uhr ab wahrhaft köstlich; man fühlte die richtige Schweizer Atmosphäre. – Mein Barometer zeigt heute 24".

Zwei besonders eigenthümliche Dinge habe ich gesehen, seitdem ich hier bin, nämlich eine Vorstellung im Theater, welches Brigham Young* gehört, und zweitens ein Lager von drei indianischen Stämmen. – Man gab gestern Abend in dem geräumigen und hübschen Theater, das etwas größer als unser Schauspielhaus, und mit ganz guten Decorationen und Costümen ausgestattet ist, zwei Comödien, die mäßig gespielt wurden, und in denen eine niedliche Schauspielerin aus Californien die Prima-Donna war, – diese Donna, welche schlechtweg als „Lotta" auf dem Anzeiger figurirt, ist auch Einwohnerin unseres Hôtels, und entzückt uns durch ihre Erscheinung bei unseren Mahlzeiten. Die Einrichtung des Zuschauerraums ist einfach; die Sitze, außer in der vorderen Reihe des ersten Ranges und in den Orchester-Logen, von Holz; die Beleuchtung spärlich, durch Petroleum. Das Orchester von etwa 20 Mann spielte einige Tänze recht gut. Das Interessanteste war das Publikum, in welchem der weibliche Theil weit überwiegend war. Obwohl die Mormonen, wie ich höre, meistens nur mit *einer* Frau ausgehen, so scheinen doch viele für das Theater eine Ausnahme zu machen; wir sahen welche mit 2, 3, 5 Frauen und mehreren Kindern; auch als wir nach dem Theater in einem Laden Eis aßen, kamen eine Masse Männer, jeder mit mehreren Frauen, herein. Alle saßen getrennt und

---

* Brigham Young ist bekanntlich das Haupt der Mormonen-Secte.

still, und Niemand setzte sich zum anderen. Ueberhaupt ist der stete Ernst und die Ruhe der Leute auffallend; jeder Einzelne trägt sich gravitätisch, sehr wenig wie die Amerikaner sonst sind. Doch darüber später, wenn ich meine Mormonen erst besser kennen gelernt habe. – Jetzt noch ein paar Worte über die zweite Merkwürdigkeit: die Wilden. – Zwischen den Mormonen und den Indianern dieses Theiles der Wüste und der Prairien fielen bis vor Kurzem häufig blutige Scharmützel, und mehr noch verstohlene Morde vor. Brigham Young hat nun vor einiger Zeit persönlich eine Rundreise bei mehreren Stämmen, die nicht allzu feindlich gesinnt waren, gemacht, um Verträge mit ihnen zu schließen, die, wie ich höre, leidlich gehalten werden. Von Zeit zu Zeit, etwa alle drei Wochen, kommen in Folge dieser Verträge einzelne Stämme für wenige Tage nach Salt-Lake City, um sie zu erneuern, Waaren auszutauschen, und sich Lebensmittel zu holen. Brigham Young hat für solche Besuche eigens ein Gebäude eingerichtet, mit Ställen für die Pferde der Indianer, und einem großen Hofe, in dem sie sich lagern. Vorgestern sind gerade drei Stämme angelangt, die Snakes, Sho-Shones und Go-Shutes. Der Anblick des Hofes übertrifft an Seltsamkeit alles, was ich je gesehen. Er ist quadratförmig; in der Mitte und an mehreren anderen Stellen brennen auf der Erde große Feuer, über denen Fleisch gebraten, oder auch Milch gekocht wird, die die Indianer mit kleinen Stückchen Holz umrühren; um die Feuer herum hocken einige knieend, andere lagern längs der Wände des Hofes. Der Häuptling der drei Stämme, ein alter Mann, dessen Gesicht nicht unintelligent ist, und der ein klein wenig an Coopers Chingachgook erinnert, liegt auf einer Matratze mit unnennbarer Grandezza; er ist der einzige, der ein Wort Englisch kann. Alle sind kupferroth; viele haben sich ihr Gesicht noch mit Zinnober bemalt, und sehen geradezu scheußlich aus. Ich glaube, Ihr wißt aus Manchem, dem ich mich freiwillig unterzogen habe, daß ich kein Hasenfuß bin; aber als ich mit Ernst und dem Franzosen zuerst in der Mitte des Hofes stand, von Hunderten von Wilden umgeben, kann ich nicht leugnen, daß mir, wenn auch nur minutenlang, das Herz ein klein wenig schlug. Die Kerls sind die personificirte Wildheit, und der Ausdruck, mit dem sie Einen anstieren, ist der eines Thieres. Selbst wenn man sie anlächelt, ändern sie ihren Blick nicht. Daß sie, falls wir sie in der Wüste allein träfen, den Scalp nicht lange auf unsern Schädeln sitzen lassen würden, war uns allen Dreien unzweifelhaft. Sie haben den starren Blick, der die Eigenthümlichkeit der Verrückten sowohl, als der Wilden ist, und sind über und über mit grenzenlosen Schmutz bedeckt. Die Männer von den Frauen zu unterscheiden, war uns unmöglich, wenn sie ganz bekleidet waren, – was allerdings kaum bei der Mehrzahl der Fall war. Sie tragen Büffelfelle, einige dazu noch bunte Shawls, die ihnen von hiesigen Einwohnern geschenkt sind. Die Haare sind bei Männern und Frauen gleich lang, und werden herabhängend, manchmal hinten in Zöpfe geflochten getragen. Spangen, Glasperlen und Münzen haben fast alle Frauen an Arm und Hals. Eine von den Grazien führt zwei gestohlene weiße Kinder, die schon halb indianisiert sind, mit sich; mich dauerten diese armen Wesen, deren Ursprung noch immer unverkennbar ist, trotz allem, was mit ihnen angestellt wurde und wird, um seine Spuren zu verwischen. In den Ställen stehen etwa 150 bis 180 Pferde, auf denen sie zu Zweien oder Dreien reiten. Die Frauen tragen die Säuglinge, sowohl wenn sie zu Pferde sitzen, als auch wenn sie gehen, in einer Kiepe – ganz eng in Felle, welche die kleinen Geschöpfe steif aufrecht halten, eingewikkelt – auf dem Rücken. Einen Jungen von 4 oder 5 Jahren sah ich, der sich noch, ganz gemüthlich auf der Erde stehend, von einer sitzenden Frau säugen ließ. – 1½ Stunden blieb ich auf dem Hofe, und musterte Alles gründlich durch, nachdem ich einmal den ersten, wirklich sehr unangenehmen Eindruck überwunden hatte. Ich kann in der That keine Worte finden, um die ungezähmte Wildheit und Bosheit, die aus den Augen der meisten dieser Indianer spricht, zu beschreiben. Ihre Sprache selbst ist wie das Grunzen oder Quieken von Thieren, und wie sie da um das Feuer herumsaßen, mit ihren langen Messern in der Hand, in dem Kessel rührend, wild lachend, mit tollen Geberden zu einander sprechend, gedachte ich dankend der 20,000 Mormonen, die außer uns hier sind! – Die Hunde die sie bei sich haben, sind halb wie Wölfe; sie schlafen, wie diese, mit aufrechtstehenden Ohren; kurz, wie Anatole sagt: Alles ist alt, so sage ich: Alles ist wild.

Wenn ich jetzt zu Euch und zu den friedlichen Gegenden der Schweiz hinüberdenke, in denen Ihr Euch zur Zeit der Ankunft dieses Briefes nach meiner Rechnung befinden müßt, so wird mir sonderbar zu Muthe. Ich in einer Wüste, unter Polygamisten, in geringer Entfernung von wilden Indianerstämmen lebend: – wir befinden uns jetzt in einer sehr verschiedenen Situation, – merkwürdig für so eine harmonische Familie, wie wir sind. Aber so viel weiß ich: diese Reise ist die sonnigste Zeit meines Lebens, und ich befinde mich – lacht mich nicht aus – jetzt stets in einer gehobenen Stimmung, wie Einer, der eine That zur Hälfte glücklich vollbracht hat, und frisch zur Beendigung schreitet.

Salt-Lake City, 18. Juli 1869.

Zugleich mit meinem vorigen Briefe schicke ich eine hiesige Zeitung, die Deseret Evening News, an Euch ab, wo Ihr unter „Arrivals" auf der zweiten Seite auch die unsrige bemerkt findet.

Ihr werdet zugeben, daß wir mit Nutzen reisen, wenn ich Euch sage, daß wir vorgestern bei Brigham Young waren, und eine kurze Unterredung mit ihm hatten. Wir hatten am Tage vorher unsern Mormonen, das Congreßmitglied Captain W. Hooper, besucht, und bei ihm die Empfehlung des General Schurz abgegeben. Diese scheint für uns, wie wir voraussahen, sehr vortheilhaft gewesen zu sein; Hooper, den wir nicht zu Haus getroffen, machte uns nach zwei Stunden einen Gegenbesuch, und versprach, sofort zu Brigham zu gehen, und ihn zu fragen, ob er uns empfangen wolle. Am andern Morgen kam er um 10 Uhr, und holte uns zum Präsidenten ab. Auf dem Wege stellte er uns allen Leuten vor, denen wir begegneten, mit der erläuternden Bemerkung: two gentlemen from Europe. Hier gilt nach dem amerikanischen Principe Jeder gleich viel, und daß wir durcheinander mit Kaufleuten, Tagelöhnern, Richtern, Bäckern, Kutschern die Hände schüttelten, kam uns nur natürlich vor. Hooper hatte mich gefragt, ob ich mit dem „Great Mendelssohn" verwandt wäre, und unterließ nie, bei meinem Namen hinzusetzen: Nephew of the great Composer; daß sich dies etwa 50 Mal wiederholte, machte besonders Ernst W. großen Spaß. Euch wird es aber gewiß freuen, zu hören, wie Onkel[66] selbst hier beliebt und bekannt ist; unter den Frauen wohl noch mehr, wie unter den Männern, bei denen sich ja die Interessen auf andere Gegenstände, als die Künste, richten. Die Art und Weise, wie ich in diesem fremden Welttheile von ihm sprechen höre, bereitet mir viele angenehme Augenblicke, und der Ausdruck „weltbekannt" ist, von ihm gesagt, keine Phrase.

Die Mormonen, mit denen wir auf unserer Wanderung zum Präsidenten in Berührung kamen, schienen theilweise ganz angenehme und gebildete Leute. Viele von ihnen sind als Missionäre in Europa gewesen; auch unser Hôtelwirth hat in England gepredigt, ein Anderer, der Redacteur und Eigenthümer der Deseret News, als Apostel in Deutschland fungirt. Der Postdirector (ein „Gentiler", d.h. Nichtmormone), mit dem wir viel zusammen sind, giebt uns zuverlässige und interessante Auskünfte über Stadt und Bewohner, auch über Punkte, die man bei den Mormonen nicht direct berühren darf, und wozu besonders das Thema der Polygamie oder, wie ihre Lehre dieselbe fein umschreibt, das System der geistigen Ehe (Spiritual Wife system), gehört; hierbei wird der Mormone gegen den Fremden schweigsam, weil er entweder Neugierde, Spott oder Verachtung seitens desselben fürchtet. – In seiner Stellung als Beamter der Vereinigten Staaten hat der Postdirector Zutritt zu Allem und Einblick in Alles, und als Mensch von guter Bildung ist er wohl geeignet, eine richtige Auffassung richtig mitzutheilen.

Salt-Lake City hat gegenwärtig etwas mehr als 20,000 Einwohner; das ganze Gebiet von Utah ungefähr 150,000. Von diesen sind über 99 Proc. Mormonen, fast alle Polygamisten: Hooper ist eine der wenigen Ausnahmen, und begnügt sich mit *einer* Frau. Brigham Young hat eine große Menge (man weiß ihre Zahl nicht genau); die Durchschnittszahl bei allen Mormonen soll 3 bis 4 sein. Die Frauen nehmen den Namen des Mannes an, und werden zur Unterscheidung mit ihrem Vornamen bezeichnet, oder sie setzen ihren früheren Namen zu dem ihres Mannes.

Wunderbar ist das Blühen und Gedeihen dieser Wüstenstadt, und wunderbar die Organisation, mittelst welcher ihr Brigham Young Leben verliehen hat, ein Leben, dessen Blut von ihm selbst, als dem Herzen seiner Schöpfung, ausgeht. Kirche und Religion – wie bei allen neuen Secten Gegenstand des Fanatismus derer, die ihnen anhangen – beherrscht er völlig, und eben der religiöse Fanatismus schafft ihm eine so blinde Verehrung und so blinden Gehorsam, wie sich dessen kein Monarch in Europa rühmen kann. Uebrigens trägt hierzu das Bewußtsein der Leute bei, daß sie ihm Alles verdanken. Er hat ihnen (wie er sagt: durch Offenbarung von Gott; „revelation") den richtigen Platz gezeigt, wo sie ihren Wohnsitz aufschlagen sollten; er hat den Plan der Stadt entworfen, Häuser für sie errichtet, die Wasserleitungen erbaut, und alle anderen, für das sociale Leben erforderlichen Einrichtungen (viele mangelhafte natürlich darunter) geschaffen. Wenn man in die

Stadt einfährt, so sieht man fast über jedem Laden ein Schild mit der Aufschrift: Holiness to the Lord. Zions Co-operative Mercantile Institution. Auch dies stammt von Brigham Young her. „Die Kirche" hat Actien, jede zu 25 Dollars, emittirt, und dafür diese Läden eingerichtet, deren Ertrag ihr und den Actionären zu Gute kommt. Vorsteher des Ladens, resp. Verkäufer werden von der Kirche angestellt, und bekommen festes jährliches Gehalt aus der allgemeinen Kasse. Alle Läden, die nicht diese Inschrift führen (die Sonne der Dreieinigkeit ist ihr gewöhnlich noch beigefügt) gehören Gentilen, und sind vernachlässigt. Die meisten Co-operative-Läden sollen brillante Geschäfte machen, besonders weil die durchziehenden Auswanderer, Abenteurer und Minenausbeuter sich hier mit den für die Reise nöthigen Gegenständen versorgen.

Viel wird für die Bildung der Kinder gethan; die Elementarschulen, in denen unentgeldlicher Unterricht stattfindet, sind zahlreich, und außer diesen ist eine sogenannte „University" im Entstehen, in der schon jetzt die Lectionen in einigen Zweigen begonnen haben, so in todten und lebenden Sprachen, höherer Mathematik u. s. w. – Auch werden in ihr kleine Post-Büreaux, Telegraphen-Anstalten, Paquetbeförderungs-Comptoirs und Waarenproben-Lager eingerichtet, wo sich die Schüler practisch für ihren späteren Beruf vorbereiten können. Für alle diese Verkehrsanstalten en miniature macht sich die Universität eigenes Papiergeld, eigene Postfreimarken und eigene Inland-Revenue-Stamps, wovon jeder Schüler eine bestimmte Anzahl erhält, und die zur Regulirung der bewirkten Umsätze dienen. Von diesem Papiergelde und Marken bringe ich Einiges mit; auch Religions- und kirchliche Bücher der Mormonen, die Euch gewiß interessiren werden.

Die Natur hat den Bewohnern von Salt-Lake City an die Hand gegeben, Alles, was sie brauchen, selbst anfertigen, oder es wenigstens in dem Gebiete von Utah produciren zu können. Sie machen auch ihre Theater-Costüme, die Decorationen, die Orgel im Tabernakel (sie soll 300 Pfeifen enthalten), das Papier für ihre Zeitungen selbst; sie holen den Marmor für den Zierath an ihren Häusern, und Kohlen für die Heizung aus nicht sehr großer Entfernung von ihrem Wohnsitze; es scheint fast, als brauchten sie die übrige Welt nicht. – Völlige Armuth existirt bei ihnen nicht, ebensowenig allerdings großer Reichthum; die Durchschnittszahl der Einwohner ist wohlhabend zu nennen. Manche schätzen Brigham Young, ihren Crösus, auf ein Vermögen von 500,000 Dollars, manche freilich nur auf die Hälfte; man weiß darüber nichts Gewisses.

Ich kann Euch leider für heute keine Details mehr anführen, da es bald Zeit ist, zu dem sonntäglichen Gottesdienste in das Tabernakel zu gehen; nur von Brigham Young muß ich Euch noch ein paar Worte schreiben.

Wir fanden ihn in seiner „Office", und wurden ihm von Captain Hooper mit großer Unterwürfigkeit vorgestellt. Er ist nahe an Siebenzig, sieht aber aus wie Mitte der Fünfziger, ist sehr stark, etwas über Mittelgröße, und hat grau und blond melirtes Haar. Seine grauen Augen sehen ziemlich streng aus, dabei verschlagen, aber ohne unangenehm zu sein. Unsere Freunde sagten nachher, sie glaubten, der Präsident sei müde gewesen; ich fand ihn sehr still und ruhig, seine Sprache fast leise, und sein Gesicht verzog er nur ein einziges Mal, als ich ihm sagte, ich hätte gesehen, wie die Leute in Uintah auf der Eisenbahn schonungslos mit für Salt-Lake bestimmten Sachen umgegangen wären. Dies schien ihn zu ärgern. – Ich fragte ihn u. a., ob ihm die Eisenbahn unangenehm wäre, da sie so viele fremde Elemente in seine Nähe bringen würde; das verneinte er, und sagte, er sei im Gegentheil im Begriffe, jetzt eine Zweiglinie von Ogden nach hier zu bauen, und habe sie sogar schon begonnen. Ich glaube aber, er macht bonne mine au mauvais jeu, und ist schlau genug, die Initiative in dieser Sache zu ergreifen, die ihm doch über kurz oder lang von der Eisenbahn-Gesellschaft oder der Regierung aufgenöthigt worden wäre. Es kann nicht in seinem Interesse liegen, sein Volk durch den Verkehr mit Fremden „verderben" zu lassen, und ich bin überzeugt, jeder Fremde, wir nicht ausgenommen, ist ihm ein Dorn im Auge. (In der That bringen wir auch manche schlechte Gewohnheit mit, wie u. a. folgendes Exempel lehrt: Die Mormonen trinken fast nichts als Wasser, ohne daß ihnen das Gegentheil verboten wäre. Als wir nun gestern Abend Wein in unserm Hôtel verlangten, war der natürlich nicht da. Man bot uns mitleidig an, von dem schnöden Getränk aus einem „Gentilen" Laden holen zu lassen; das lehnten wir zwar stolz ab, kauften uns aber selbst in einem solchen Magazine zwei Flaschen, und tranken des Abends heimlich ein Gläschen mit dem Franzosen zusammen auf unserm Zimmer. Um ja keinen Anstoß zu erregen, verbargen wir, als wir das Dienstmädchen unvermuthet kommen hörten, das ganze Trinkgeräth schnell unter einem Bette.)

Gestern machten wir eine Wagenfahrt nach dem Salt-Lake. Der Weg führt auf der alten Overland-Mail-Straße entlang, sobald man die Stadt verlassen, durch die Wüstenei. Man sieht alle 20 bis 30 Schritte den Schädel, oder das Gerippe, oder den halb verwitterten Körper eines Ochsen oder Pferdes auf dem Sand oder dem dürren Grase liegen; die Leute haben sich ihrer Menge halber nicht die Mühe gegeben, sie einzuscharren. Wenn sie unterwegs todt umfallen, schleppt man sie an den Rand der Straße, und läßt sie dort liegen. So kann man auch dieselbe gar nicht verfehlen; die Wegweiser sind zu deutlich!

Der See, den wir nach einer nahezu vierstündigen Fahrt erreichten, die ihn in mehr oder weniger großer Ferne umgebenden, theilweise mit Schnee und Gletschern bedeckten Berge, und die vielen, aus hohen und steilen Felsen bestehenden Inseln in ihm: Alles hatte die schon neulich bemerkten wunderbaren tropischen Farben. Die Landschaft bietet von der Stelle des südlichen Ufers aus, wo wir standen, ein unvergeßliches Bild voll Schönheit und Großläufigkeit, und wenn der Anblick von Etwas übertroffen wird, so ist es nur von dem der Sonnenuntergänge, die wir gestern und vorgestern von der Stadt aus sahen.

Das Wasser des Sees ist bei Weitem salziger, als das des Meeres, und die in ihm Badenden sagen, es sei so schwer, daß es Einen immer auf der Oberfläche hielte. – Wo, oder ob überhaupt, der See einen Abfluß hat, ist noch nicht entdeckt worden; sein Zufluß besteht merkwürdiger Weise nur aus süßem Wasser, zu dem der Jordan River, der an der Stadt vorbeifließt, das größte Contingent liefert. Dicht beim See ist das alleinstehende Häuschen eines Mormonen, wo wir ein vortreffliches Mahl zu uns nahmen; dasselbe war nach der beschwerlichen und langen Fahrt durch die todte Wüste sehr erquicklich, wenn auch nicht gerade Veilchenspeise à la Huster auf dem Menu stand. – Die Bewohner der Ansiedelung haben ein Harmonium und New-Yorker Wochenschriften, und unterhalten sich ganz gebildet und nett. Und das Alles in der Einöde! Brigham Young ist wirklich ein außerordentliches Genie in der Civilisirung seiner Geschöpfe. – Eine Aeußerung unseres

Mormonen über diesen interessanten Mann muß ich Euch citiren. Als ich beiläufig bemerkte, wir hätten nun die beiden Präsidenten in Amerika gesehen, die so große Namen hätten, sagte er, mit Anspielung auf Grant's frühere Thätigkeit im Kriege: The one is great in killing men, and the other is great in producing children. Bekanntlich ist die Zahl von Young's Kindern noch unerforscht.

Morgen früh um vier Uhr geht es fort nach San Francisco, wo wir am Mittwoch Abend, den 21., einzutreffen gedenken. Es ist schade, daß ich Euch heute nichts mehr vom Tabernakel schreiben kann. Von den eigenthümlichen Sitten der Mormonen will ich aber noch zu Eurer Belustigung erwähnen, daß ihre größeren öffentlichen Bälle in den Kirchen abgehalten werden, nachdem die Stühle daraus entfernt sind. Die Musikanten stehen dann auf dem erhöhten Platze der Prediger. Was sagt der heilige Stephan leocadischen Andenkens[67] hierzu?

Occidental Hôtel.[68]

San Francisco, den 22. Juli 1869.

So wären wir denn gesund und glücklich am Endpunkte des großen Weges angelangt. Ich muß immer wieder ausrufen: was für eine Reise! wie interessant! wie neu! – Denkt daran, daß wir nun so weit vorgedrungen sind, als wir den Occident zu rechnen pflegen, und daß das nächste Land jenseits des stillen Meeres bereits unser Osten ist.

Californien ist eine ganz andere Welt als die „States", und die beiden hohen Gebirge, die Rocky Mountains und die Sierra Nevada, welche Californien von den übrigen Vereinigten Staaten trennen, sind eine Scheidewand nicht allein in localer Beziehung, sondern auch des Characters, und der Lebensart der Bewohner. Für heute will ich mich weder auf dieses sehr eigenthümliche und beachtenswerthe Factum einlassen, noch auch den Eindruck, den mir San Francisco gemacht, beschreiben; darüber lasse ich eine ganz specielle Epistel los, zu Ehren der großen Bedeutung des Gegenstandes. Diese Epistel erfolgt in den nächsten Tagen, und die vorliegenden Zeilen enthalten nur Einiges über unseren Abschiedstag bei den Mormonen und die letzte Strecke der Pacific-Fahrt.

Bald nachdem ich meinen vorigen Brief beendigt (es war, wie Ihr wißt, Sonntag) gingen wir zum Gottesdienste in das sogenannte Tabernakel, ein großes Gebäude origineller Construction, welches von außen mehr einem heidnischen Tempel, als einer christlichen Kirche gleicht; von innen sieht es wie eine reformirte aus, – kahl, ohne Bild und Zierath. Das Tabernakel, erst zur Hälfte fertig, war gedrängt voll von etwa 4000 Personen. Der Präsident, der Patriarch, zwei Vice-Präsidenten, die Bischöfe, Elders und Apostel der „Latter-day-Saints"* saßen auf einem erhöhten Theile des Tabernakels am einen Ende desselben, unter der Orgel; aus ihrer Mitte erhebt sich der jedesmalige Prediger (oder vielmehr Redner). Vor ihnen befindet sich ein langer Tisch, an dem sechs Leute das Abendmahl während des Gesanges, mit dem der Gottesdienst beginnt, vorbereiten. Weder diese, noch der Redner, noch der Präsident tragen irgend eine kirchliche Kleidung; sie haben sämmtlich ihre gewöhnlichen Anzüge, manche nicht einmal dunkle Röcke an. –

Das Abendmahl, welches an jedem Sonntage genommen wird, besteht aus Brod und Wasser: Wein wird erst statt des letzteren eingeführt werden, wenn man denselben in Salt-Lake-City selbst gewinnen kann. Mit Eifer wird daran gearbeitet, und allenthalben Wein gepflanzt. Es ist eine der „revelations" von Gott an Brigham Young, daß die Mormonen keinen fremden Wein zum Abendmahl nehmen sollen. Zwölf große versilberte Körbe werden mit Brod gefüllt, und nebst ebenso vielen Wasserkrügen aus Porzellan an die Gemeinde verabreicht. Jedes Mitglied nimmt einen Schluck Wasser und einen Bissen Brod, und reicht Krug und Brodkorb seinem Nachbar weiter. So macht beides die Runde; der Letzte stellt es wieder auf den Tisch vor den sechs Leuten. Das Alles geht zu Anfang der Rede vor sich.

Als Merkwürdigkeit – und zwar als eine sehr große nach meiner Meinung – ist es zu betrachten, daß die Mormonen-Aeltesten Prediger jeder beliebigen christlichen Secte, die ihre Stadt besuchen, und die sie darum bitten, vor der Gemeinde predigen lassen. Dies beweist, daß sie ihrer Leute ziemlich sicher sind; Brigham pflegt aber auch gewöhnlich, nachdem ein Fremder gesprochen, eine Rede hinterher zu halten, in welcher er die eben gehörte kritisirt, und seiner Gemeinde sagt, was sie davon richtig finden soll oder nicht. Das geschieht, wenn der Vor-

* So nennen sich die Mormonen selbst.

redner sehr ketzerische Ansichten vorgebracht hat, nicht immer in der für ihn (den Vorredner) schmeichelhaftesten Weise. Diesesmal hörten wir einen Methodisten predigen, und zu unserer Freude erhob sich am Schlusse der Rede desselben Brigham Young zu dem gewöhnlichen Epiloge, der im Ganzen ziemlich höflich für den Methodisten ausfiel. Brigham spricht wie ein nicht sehr gebildeter Mensch und kunstlos, aber mit einem Nachdruck, der, besonders auf die Frauen, außerordentlich zu wirken schien; er reiht Behauptungen und Grundsätze aneinander, ohne sie zu motiviren oder zu vertheidigen, und stellt sie einfach als Gesetz hin, als welches sie auch von der Gemeinde, als aus dem Munde eines Heiligen kommend, in Demuth aufgenommen werden. Der Gegenstand seiner Rede waren die Hauptprincipien des Mormonismus, mit Ausschluß der Polygamie. – Die Predigt des Methodisten dauerte eine Stunde, die von Young eine halbe; der Gottesdienst schloß, wie er begonnen, mit 2 oder 3 Hymnen.

Am Abend machten wir bei unserem Mormonen einen kurzen Besuch, und wurden von ihm und seiner Frau freundlich empfangen. Ich glaube, ich schrieb schon neulich, wie schade ich es fand, daß er nicht ein Dutzend hat, was für unser Amüsement doch noch vortheilhafter gewesen wäre. Wir unterhielten uns zum Theil über ihre Religion, und hier nicht zum ersten Male war ich erstaunt, zu erfahren, wie tief diese in den Herzen der Anhänger Brighams wurzelt. – Sie sprechen von ihr mit ruhiger Bestimmtheit und Ueberzeugung, und es ist mir klar, daß sie um ihretwillen noch einmal ihren selbstgeschaffenen Wohnsitz verlassen, und, sollte es nöthig sein, eine andere Wüste urbar machen würden. Allerdings tauchen schon hier und da Gerüchte auf von einer Verlegung der Colonien der Latter-day-Saints noch weiter nach Westen, nach den Sandwichs-Inseln, wohl im Zusammenhange mit den großen, durch die Pacific-Bahn hervorgebrachten und noch bevorstehenden Veränderungen.

Mit dem Tage beschlossen wir unsern denkwürdigen Aufenthalt am Salzsee; um ½ 4 Uhr am nächsten Morgen setzten wir uns wieder auf Wells Fargo & Co.'s coach und trafen um 10 Uhr in Uintah ein. –

Ich fange an zu glauben, daß selbst Amerika klein ist. Auf der Fahrt von Uintah nach Salt-La City traf ich einen englischen Lord, der mit auf der „Scotia“ herübergekommen war; in der coach von Salt-Lake City nach Uintah fand ich überraschender Weise als Reisegefährtinnen zwei junge Damen, die ich in Washington gesehen hatte, und die sich meiner, (wie sie mir später, als ich Bekanntschaft angeknüpft hatte, sagten, und wie ich auch gleich aus ihren Geberden schloß,) ebenso erinnerten, als ich mich ihrer. Sie sind aus St. Louis, und gehören zu einer großen Gesellschaft, die unter Andern den Mayor von St. Louis, Namens Cole, den Methodisten-Prediger O. H. Tiffany, tabernakligen Angedenkens, und den Senator Harlan (früher Minister des Innern) zu Mitgliedern zählt. Wir sind mit diesen Allen in einem car bis hierher gereist und haben uns sämmtlich vortrefflich unterhalten. Die ganze Gesellschaft wohnt auch im Occidental Hôtel.

Um 11 Uhr Vormittags bestiegen wir die Union-Pacific-Bahn, und langten um 3 Uhr in Promontory, ihrem Endpunkte an. Dort bekommt man die Wagen des „Central-Pacific Railroad of California" (dies ist der volle Titel der Bahn), und wir waren so glücklich, einen state-room in dem sleeping-car zu erhalten. Ich hatte ihn telegraphisch im Voraus bestellt, da ich wegen der Menge unserer Mitreisenden Unheil befürchtete – und ich hatte Recht. Die große Gesellschaft hatte auch telegraphirt, und wir waren außer ihr die Einzigen, die in dem sleeping-car Unterkommen fanden. Alle übrigen Passagiere haben bis Sacramento in den gewöhnlichen Wagen fahren müssen, ein nicht gerade beneidenswerthes Loos. Unsere Reise lief beinahe noch lustiger ab, als die auf der Union-Pacific; wir machten mit den Damen viel Unsinn, sprachen, spielten, hielten Picknicks mit unsern resp. Eßkobern ab, und des Abends sangen die jungen Mädchen, unter Direction des Mayors, der sich als großer Musiker entpuppte und mit einer Gabel Tact schlug, uns vor, während wir auf der Plattform standen, die prachtvoll kühle Luft einathmeten, und den Vollmond, welcher hier mit ganz besonderem Glanze, wie in Italien, leuchtet, betrachteten. Manchmal, wenn die Locomotive halten mußte, um Wasser einzunehmen, sammelten sich Chinesen um unsern car, verwundert über die melodischen Töne, die aus ihm hervorkamen, und ich machte mir dann ein Vergnügen daraus, einige dieser Mongolen-Gesichter durch ein Glas Rothwein zu einem dankbaren Grinsen zu bringen. –

Recht viel trug übrigens zum allgemeinen Frohsinne der verhältnißmäßig gute Zustand der Bahn bei. So wenig auch die Central-Pacific einen Vergleich mit unseren Eisenbahnen aushielte, so fühlt man sich doch auf ihr sicherer, als auf der Union-Pacific, und sieht, daß auf dieser Seite der Rocky Mountains mit Sorgfalt zu Werke gegangen ist und etwas einigermaßen Dauerhaftes hergestellt werden sollte. Die Schwellen z. B., auf welchen die Schienen ruhen, sind behauen, während dieselben bei der Union-Pacific einfach Baumstämme sind, die man gefällt, und in angemessenen Zwischenräumen hingelegt hat, wodurch natürlich die vielfachen Unebenheiten des Geleises entstehen. – Auch sind die Dämme und Felseinschnitte breiter, als auf dieser, und die Brücken zwar ebenfalls von Holz, aber doch von besserer Construction. Nun kommt noch dazu, daß man kaum von Terrain-Schwierigkeiten auf der Union-Pacific-Bahn reden kann, wenn man die ins Auge faßt, mit denen die Central zu kämpfen hatte. Obwohl der Paß über die Rocky Mountains, welche jene überschreitet, höher ist, als der über die Sierra Nevada, über welche diese führt, so werdet Ihr doch aus meiner Beschreibung ersehen haben, daß die Steigungen auf den Rokky Mountains ziemlich allmählig gehen, und nur auf einer Strecke außergewöhnliche Ingenieur-Arbeiten erfordern. – Dagegen ist die Bahn über die Sierra Nevada von Anfang bis zu Ende ein Meisterwerk von Ingenieurwissenschaft und Kunst; große Viaducte und Dämme passirt man fortwährend; bald fährt man an hohen Felsen entlang, bald an tiefen Schluchten und Abgründen, abwechselnd bergauf oder bergab.

Es ist sehr zu loben, daß die Locomotivführer vernünftig genug sind, auf der ganzen Strecke über die Sierra Nevada kaum rascher zu fahren, als ein gewöhnlicher Wagen. Bei Stellen, wie z. B. am sogenannten Cap Horn, wo man aus den Fenstern des car direct 2000 Fuß ins Thal hinab sieht, ist das den Reisenden besonders willkommen.

Daß diese Bahn so viel sorgfältiger hat gebaut werden können, als die andere, haben wir nicht zum kleinsten Theile den Chinesen zu verdanken. Diese sind fleißiger als die anderen Arbeiter (die ja bekanntlich „gentlemen“ sind), und verlangen außerdem weniger Lohn. Auch jetzt sind sie noch auf allen Strecken der Bahn zu finden, und bessern aus, wo es nöthig ist; manchmal sind Hunderte von den drolligen Kerls zusammen, die den Zug, wenn er an ihrem temporär aufgeschlagenen Zeltlager vorbeifährt, mit Freudengeschrei und Schwenken ihrer großen Hüte begrüßen; es ist offenbar, daß sie sich dann über ihr Werk freuen, und stolz darauf sind.

Toll genug sieht es auf der Pacific-Bahn aus! Weiße, Neger, Chinesen, Indianer, Mormonen, Leute aller Sprachen und Nationen, Gold-,

Silber-, Kupfer-, Quecksilber-Mineurs, Abenteurer jeder Art: Alles bewegt sich auf ihr hin und her, und die letzteren erscheinen in immer größerer Anzahl je näher man Californien kommt. – Eine Masse neue Minen sind vor kurzem entdeckt worden; der Haupt-Anziehungspunkt für den Augenblick sind die von White-Pine in Arizona, die erst seit wenigen Monaten ausgebeutet werden, und enorme Quantitäten von Silber enthalten sollen; mehrere andere, reich an Edelmetallen, hat man in Idaho gefunden. So kommt es, daß man an vielen Stationen große Zettel angeschlagen sieht, mit der Aufschrift: „To the new mines"; an solchen Orten erwarten dann sechs- oder achtspännige coaches den Zug, welche die Mineurs, meist junge verwogene Kerls, baumhoch und von kräftigem Aeußeren, Hunderte von Meilen weit an den Ort ihrer Bestimmung in die öde Wildniß hinaufschaffen. Pistolen und Gewehre trägt hier fast ein Jeder, denn wo neue Minen endeckt werden, finden sich auch neue Spitzbuben ein, und die Leute brauchen Waffen zur Nothwehr sowohl gegen sie, als auch manchmal gegen die Indianer, die in diesen Regionen, nördlich und südlich von der Bahn, in größerer Anzahl ihr Wesen treiben, und mir auch an mehreren Stellen zu Gesichte kamen.

Die Gegend ist trostlos bis zum Fuße der Sierra. – Fast zwei Tage und zwei Nächte fuhren wir ununterbrochen durch Wüsten, in einer Durchschnittshöhe von 4000 Fuß über dem Meeresspiegel, bei einem Barometerstande von 23" 9"'. Auf dem ganzen endlosen Wege sieht man nur einmal ein spärliches Gewässer, den sogenannten Humboldt-River, der sich schließlich auch im Sande verläuft. – An beiden Ufern desselben wächst ein schmaler Streifen Gras, und niedriges Gebüsch; daran kann man ihn noch in der Ferne verfolgen, weil nirgendwo anders sich dem Auge etwas Grünes darbietet; – man blickt ihm sehnsüchtig nach. Nichts als kahler Boden, mit weißlichem Alkali bedeckt, welches einen feinen, Alles durchdringenden Staub hervorbringt, der sehr, sehr unbehaglich, und, da es hier nicht regnet, auch nicht zu vermeiden ist. In der Nase verursachte er ein wundes Gefühl; Augen und Mund wurden gänzlich trocken, und der Mangel frischen Getränkes, der sich bald einstellte, da das mitgenommene Wasser von der heißen Sonne verdarb, (es war nur durch Beifügung großer Portionen Brandy oder Whisky genießbar zu machen), machte sich um so merkbarer.

Am zweiten Tage wird die Einförmigkeit der Wüste durch imposante Berge, die Humboldt Mountains, in etwas unterbrochen, und am dritten, früh beim Aufstehen, überraschte uns das Erscheinen der mit Fichten bedeckten Höhen der Sierra Nevada. Die Gegend bekommt nun einen ganz anderen Character; die Vegetation wird rasch üppig; an den Haltepunkten erscheinen Verkäufer mit prachtvollen Früchten, besonders Pfirsichen von einer Größe, wie ich sie nie gesehen; man fährt durch Schluchten mit abwechselnd wildem und romantischem Panorama: eine wunderschöne Strecke. Bedeutende Werke haben hier gegen Lawinen aufgeführt werden müssen, und 23 Meilen hintereinander geht die Bahn durch Holztunnels, die sogenannten snow-sheds, welche leider für die Aussicht wenig vortheilhaft sind. Beim Austritt aus denselben erblickt man tief unten in einem Thale, an dessen Rande man entlang fährt, die berühmten Goldminen von Flat Valley, und die Aquaducte, welche das gelbe Wasser, das zur Wäsche gedient hat, fortleiten. Hier kommt erst der Gedanke recht zur Geltung, daß man in dem Lande des Goldes angelangt ist!

Um 1 Uhr Mittags, pünktlich auf den Schlag nach dem Fahrplane, erreichten wir Sacramento, den Endpunkt des Pacific-Railroad, nachdem wir von Salt-Lake City mehr als 2 Tage und Nächte unterwegs gewesen. Wir gingen sofort an Bord eines eleganten Dampfschiffes, nach Art derer auf dem Hudson gebaut, fuhren in 8 Stunden den Sacramento-River hinunter, dann nach einander durch die Bays von Suisun, Pablo und San Francisco, und landeten schließlich des Abends um 10 Uhr glücklich hierselbst.

Gleich nachdem wir das Schiff betreten, und unser Privatzimmer angewiesen erhalten hatten, wechselten wir unsere Kleider, die von dem Wüstenstaub eine sehr ungewisse Farbe erhalten hatten, und mit wahrem Vergnügen gab ich mich dem Schiffsbarbier (natürlich einem Deutschen!) in die Hände, der mein Gesicht doch wenigstens wieder menschlich machte. Schon die Veränderung von der Eisenbahn zum Dampfschiffe war sehr wohlthuend, und die erdrückende Hitze, die auf der Reise *bei Tage* geherrscht, und sich in Sacramento zu einer wirklich unerträglichen Höhe gesteigert hatte, ließ auf dem Wasser in dem Grade, als wir uns dem stillen Ocean näherten, immer mehr nach. Ueber die wunderbare Temperatur von San Francisco schreibe ich erst im nächsten Briefe.

Wir sind hier vortrefflich aufgehoben. Das Occidental Hôtel ist eins der besten in den Vereinigten Staaten, und Mr. Hawkins, der Bruder der Wittwe (unserer Freundin von der Union-Pacific-Bahn), der die Eigenthümer desselben kennt, hatte für uns Quartier bestellt, und uns den Wirthen empfohlen. Als wir aus dem Dampfschiffe ausstiegen, fand ich einen Mann, der mich fragte, ob ich Mr. Mendelssohn sei, und uns, als ich dies bejahte, zu einem bereitstehenden Wagen führte. Es war mir gemüthlich, in so weiter – weitester – Ferne gleich Jemand zu finden, der mich mit meinem Namen anredete.

Occidental Hôtel.

San Francisco, den 27. Juli 1869.

Die einliegenden Männer, als echte Californier photographirt, schikken sich Euch mit ihren besten Grüßen. Das Costüm von Beiden ist, wie Ihr seht, der Hitze angemessen, die Stellung eine richtige yankeehafte, und es ist schrecklich aber wahr, daß die Weise, wie der Hut sitzt, aus dem Leben genommen ist.

Seit meinem letzten Briefe habe ich drei von Euch empfangen, und fühle mich in Folge dessen – nach der langen Entbehrung regelmäßiger Nachrichten – wie im Himmel. Ihr lobt mich Alle wegen der Ausführlichkeit meiner Berichte, und Vater erwähnt die Ruhe, mit der ich sie gebe. Das ist unverdient, besonders letzteres. Meine Briefe sind nicht halb so vollständig als die schottischen, und ich hoffe im Gegentheil, daß Ihr überzeugt seid, ich schreibe sie flüchtig und in gehetzter Eile, weil sonst die schlechte Form, das Ausstreichen, und das kaum lesbare Gekritzel nicht zu entschuldigen wären. – Noch in bedenklicherer Weise als auf das Aeußere meiner Briefe, wirkt aber die Eile auf den Inhalt, und ich fürchte, daß ich mich häufig bei subjectiven Aeußerungen verrenne. Ich fange mit der Entwickelung einer Ansicht an, merke, daß ich dabei bald in die Weite gerathe, und nun geht es über Stock und Stein zum Schluß, weil die Zeit nicht reichen will. –

Auch urtheile ich wohl manchmal zu rasch, was aber bei der Lebhaftigkeit, in die man auf einer solchen Reise versetzt wird, sehr nahe liegt. Ich bin mir dieser Dinge wohl bewußt, und will sie etwas begründen.

Ihr wißt, daß es meine Freude und mein Bestreben ist, Euch möglichst schnell und unmittelbar Eindrücke, die Scenerien und Landschaften auf mich gemacht haben, zu melden. Ebenso geht es mir mit den Eindrücken von neuen Verhältnissen und Zuständen. Ich habe also nicht Zeit, sie zu studiren und zu verfolgen, sondern trage sie gewissermaßen prima vista vor. Ob sie nun richtig oder falsch waren, ist ebenso abwechselnd und zufällig, wie immer im Leben. Manchmal springt mir etwas, wenige Stunden nachdem ich es niedergeschrieben, als Irrthum in die Augen. Aber eine Verbesserung hinterher zu setzen, ist zu weitläufig und deshalb mißlich. Häufig macht es mir selbst Spaß, zu bemerken, daß ich erst ganz allmählig das Richtige herausfinde, und mich in dem Character der Personen und Dinge gewissermaßen orientire; wie natürlich, freue ich mich sehr, wenn das, was mir im Laufe der Reise als eigenthümlich und „amerikanisch", als Vortheil oder Nachtheil, aufgefallen ist, mir von Leuten, die hier lange gelebt haben und mit Allem wohl vertraut sind, als eine richtige Wahrnehmung bestätigt wird. Ich bin denn auch der Meinung, daß Tocqueville's Buch*[69] für mich *nach* der Reise viel interessanter zu lesen sein wird, als vorher; ich werde alsdann eigene Eindrücke dagegen halten können, die ohne fremde Anleitung entstanden sind, – wenn sie auch Fehler enthalten. So habe ich aber wenigstens keinen Führer, der mich auf alle Fälle nicht ohne Vorurtheil an die Dinge hätte herangehen lassen.

Am ersten Tage nach unserer Ankunft waren wir bei der mehrfach erwähnten Wittwe, und trafen sie am folgenden in einem, übrigens jämmerlichen, Concerte, von wo wir sie nach Hause brachten. Wir saßen dann noch ein Stündchen zusammen, und tranken eingebornen Champagner auf unser gegenseitiges Wohl. – Heute gehen wir wieder hin, da wir schon 4 *lange* (!) Tage nicht da waren. Ich schenke einer Schwester von ihr eine auserwählte Sammlung deutscher Lieder, um ihr guten Geschmack beizubringen. Hier kennt man fast nichts als Verdi, und es ist bezeichnend für die Höhe des musikalischen Standpunktes, daß die Schöne nicht einmal weiß, was ein Streichquartett für ein Thier ist!

Ich würde hierüber noch mehr nachdenken, ließe mir die Bewun-

---

* La démocratie en Amérique, von dem in einem Briefe meines Vaters an mich die Rede gewesen.

derung von San Francisco Zeit dazu, welches das merkwürdigste Nest von der Welt ist, und total verschieden von allem bisher Gesehenen. – Ich muß gleich von dem reden, was mich vorweg in dieser kosmopolitischsten aller Städte am meisten interessirt hat: das sind die Chinesen und ihr Leben.

Die Chinesen bewohnen ein Stadtviertel ganz ausschließlich für sich. In demselben trifft man auch fast nur Leute ihres Stammes, und die Läden, die sich dort befinden, haben sämmtlich Chinesen inne. Geht man des Abends an den Magazinen vorbei, so sieht man sie mit ihren großen Zöpfen, die bis auf den Erdboden herabhängen, wie sie, hinter den Ladentischen sitzend, mit Rechenmaschinen zusammenstellen, was sie verdient haben, und ihre originellen Schriftzeichen in große, sehr sauber und zierlich aussehende Bücher malen. Das geschieht vermittelst eines Pinsels, den sie gewöhnlich in der linken Hand, zwischen dem dritten und vierten Finger, halten, und ihrer berühmten Tusche.

Bekanntlich sind die Chinesen vortreffliche Kaufleute, und zum Theil auch vortreffliche Spitzbuben (siehe Merkur[70]). Einzelne von ihnen werden reich, aber nur wenige bleiben hier, sobald sie es geworden sind; sie gehen dann wieder in ihr Vaterland zurück, denn hier leben sie, Einer wie Alle, gehaßt, angefeindet und verachtet. Der Grund davon ist sehr einfach: Als Arbeiter thun sie, wie schon erwähnt, für wenig Lohn, was die anderen, besonders die irischer Nationalität, nur für vieles Geld verrichten wollen. Selbstverständlich ist die Erbitterung der sogenannten *arbeitenden* Klasse der übrigen Raçen wegen dieser Concurrenz eine ungeheure, und man fürchtet, die Sache wird über kurz oder lang zu einer höchst schwierigen und brennenden Frage werden, um so mehr, als die Zahl der Chinesen stets wächst. Daß nun bereits Stimmen von Osten her laut geworden sind, welche die Abkömmlinge des Confucius selbst dort, als Dienstboten, eingeführt wissen wollen, hat die Wuth der Anderen auf den höchsten Grad gesteigert. Die Unparteiischen räumen ein, daß es für manche Arbeiten keine besseren und gewissenhafteren Leute giebt, als die Chinesen. Sie sind vortreffliche Diener; Waschen ist in ganz Californien ihr Monopol, und auch als Köche nimmt man sie gern. Diejenigen, welche sie austreiben wollen, führen dagegen an, sie verpesteten durch ihre Laster alle Gegenden, wo sie sich aufhielten, – ein Thema das ich aus verschiedenen Gründen zu denen lege, die unter uns mündlich verhandelt werden sollen.

Es macht einen eigenen Eindruck, in dem erwähnten Stadtviertel alle Ueberschriften der Läden, alle Anschlagszettel, alle Anzeigen, in chinesischer Sprache und Schrift abgefaßt zu sehen. Die Firma, die über den Läden steht, ist gewöhnlich auch in englischen Lettern beigefügt, und ich schreibe einige, die ich gelesen, der Seltsamkeit wegen auf: Yan On Shong & Co.; Yee Wo; Wing Fung & Co.; Wong Wing; Wing Wau; und so geht es mit den Wing's, Wau's, Wong's, Shong's ins Unendliche fort. – Die Chinesen haben auch hier am Orte zwei Theater und zwei Tempel; von dem Besuche der Ersteren später, Letztere habe ich noch nicht gesehen. – Ihre Tracht, die aufwärts gebogenen Schuhe, die bis auf die Erde hinabgehenden Zöpfe, welche prachtvoll geflochten sind, und die sie bei schwerer Arbeit meist um den im Uebrigen kahlrasirten Kopf gewickelt tragen, – Alles ist höchst originell. – Ich habe mehrmals zugesehen, wie sie sich den Kopf mit eigenthümlich geformten, halbmondförmigen Messern scheeren ließen, welchen Liebesdienst sie sich gegenseitig verrichten.

So nett nun auch manchmal die Männer mit ihren Zöpfen und in ihren weißen Hemdchen (die sie in den Häusern zu tragen pflegen, vornehmlich die, welche die Wäsche besorgen) aussehen mögen, so ekelhaft sind die Frauen; über alles Maß geschminkt, gehen sie mit ihren verkrüppelten Füßen ungeschickt auf einer Art von Schuhen einher, bei denen es mir unbegreiflich ist, daß sie nicht jeden Augenblick auf die Nase fallen. Manche tragen Zöpfe wie die Männer, manche National-Frisuren in Fächerform, deren Dimension in Anbetracht der Kleinheit der Gestalten kolossal erscheint. Die Frauen der reichen Kaufleute zeigen sich nie auf der Straße, und verlassen, wie es überhaupt bei den wenigen ordentlichen Frauen Sitte zu sein scheint, nur selten das Haus.

Mir ist es noch schwerer, die Chinesen von einander zu unterscheiden, als die Neger – über welchen Gegenstand ich an einer früheren Stelle schon gesprochen habe. Die Chinesen sehen wirklich *alle* aus, wie ein und derselbe Mann – oder eigentlich wie *eine* Frau, denn ihre Gesichtszüge haben wenig Männliches. Ihr Leben und Treiben zu beobachten, ist, wie gesagt, für mich das Hauptvergnügen hier, und es vergeht kein Tag, wo ich nicht zweimal in ihr Viertel gehe, und daselbst längere Zeit verweile.

Es ist aber auch sonst in der Stadt viel zu sehen: die ausgedehnte

Bay mit den großen Schiffen, welche nach allen Theilen der Welt gehen, die Belebtheit der Straßen, und die eigenthümliche Lage der Stadt auf Sandhügeln, welche machen, daß man, wie in Rom, beständig bergauf und bergab gehen muß. – Einen schönen Anblick gewähren die Früchte, die an allen Ecken ausgeboten werden; sie sind ein wahres Wunder an Größe und Vortrefflichkeit des Geschmacks; dabei ist Obst aller Jahreszeiten: Aepfel, Erdbeeren, Pfirsiche, Nüsse, Aprikosen, Weintrauben, Pflaumen, Birnen, kurz Alles, was man sich nur denken kann, das ganze Jahr hindurch ohne Unterbrechung zu haben. Die Qualität und Mannigfaltigkeit des Gemüses ist dem entsprechend; Kartoffeln habe ich von dem Umfange eines Kinderkopfes gesehen. Es kann für eine Hausfrau nichts Schöneres geben, als den Anblick der Markthallen mit allen den Früchten und Gemüsen, und mit den großen Fischen des stillen Oceans, von denen mir viele nicht nur dem Namen sondern auch dem Aussehen nach ganz fremd waren. Austern giebt es ebenfalls das ganze Jahr hindurch. Sie werden, wie überall in den amerikanischen Seestädten, in den verschiedensten Zubereitungen gegessen: fried, scrambled, stewed, pickled, scolloped, und so in infinitum. Es kommt mir fast komisch vor, daß ich jetzt sagen könnte: die Austern des atlantischen Oceans sind besser, als die des stillen!

Eine „Umgangssprache“ im eigentlichen Sinne giebt es in San Francisco nicht; man hört die Mundarten aller Nationen um sich herum, nächst englisch besonders viel spanisch, auch deutsch und italienisch; französisch weniger.

Das Klima ist ganz merkwürdig, und total von dem übrigen Californien verschieden. San Francisco hat darin etwas speciell eigenthümliches, weil die Stadt auf einer Landzunge liegt, die von Westen her die Brise des Oceans, von Osten die der Bay erhält. Durch das Golden Gate, die schmale Oeffnung, welche nördlich von San Francisco die Bay mit dem Ocean verbindet, wird die gebirgige Küstenlinie durchschnitten, und dadurch eine beständige und starke Windströmung verursacht, die an und für sich schon bedeutende Kühlung verbreitet.

Juli und August sind hier die verhältnißmäßig kältesten Monate; sie haben die unangenehmsten Winde, bringen fog, kurz, sind für San Francisco der eigentliche Winter. – Ich finde die Sonne sehr wohlthätig, und gar nicht zu warm, – ein eigenthümlicher Gegensatz zu der Temperatur, wie wir sie bisher zu ertragen hatten; des Morgens und des

Abends würde man sich sogar ohne Paletot erkälten. Im Winter (d.h. nach unseren Verhältnissen) soll es hier noch angenehmer sein, weil die Wärme dann gleichmäßiger ist, wenn auch die Temperatur nicht höher. Mr. Hawkins sagte mir, daß er das ganze Jahr hindurch einen und denselben Anzug tragen könne. –

Es regnet nie von Anfang April bis Ende October, und man kann für diese Zeit seinen Schirm ruhig einpacken. Das Lästige dabei ist der furchtbare Staub, welcher durch den heftigen Wind auf dem Sandboden erregt wird, und der, durch keine Nässe niedergeschlagen, an das Hauptleiden auf der Pacific-Bahn erinnert.

Wir empfanden so recht den Unterschied in der Temperatur zwischen hier und dem Innern des Landes gestern und vorgestern, wo wir einen Ausflug nach den großen Quecksilber-Minen von New-Almaden, die in der County Santa Clara liegen, gemacht haben. Wir benutzten die Eisenbahn nach San José (50 Meilen von hier), nahmen dort einen Wagen, und fuhren in südlicher Richtung noch etwa 15 Meilen nach den auf der Höhe eines Berges gelegenen Werken. Dort stiegen wir, von spanischen Führern geleitet, tief in den Schacht hinab; etwas von dem Quecksilbererz, das vor meinen Augen losgearbeitet wurde, habe ich für Euch mitgenommen. Folgendes Curiosum passirte uns hier: Als wir ganz unten in einem kleinen Loche angekommen waren, am äußersten Punkte, wohin die Bergleute vorgedrungen, machten diejenigen, welche dort arbeiteten, ein betäubendes Geklimper mit ihren eisernen Werkzeugen, stellten sich um uns herum, und wollten uns nicht herauslassen. Wir merkten, worauf der Spaß abgesehen war, und kauften uns mit einigen Dollars aus der Unterwelt los; das Getöse in dem kleinen dumpfen Raume war kaum zum Aushalten gewesen.

Das Quecksilbererz wird in großen Kammern trocken destillirt, nicht geschmolzen; man leitet die sich entwickelnden Dämpfe durch eine Reihe leerer, immer kühlerer Kammern, bis sie sich condensiren und das Quecksilber in reiner Gestalt sich niederschlägt. An den Wänden der Kammern rieselt es unaufhörlich herunter, wird in großen Trögen aufgefangen, und sofort in metallene Flaschen, jede 76½ Pfund enthaltend, gefüllt, später versandt. – Das Quecksilbererz besteht aus Serpentin, Zinnober und Schwefel; das jetzt zu Tage geförderte enthält gewöhnlich 12 bis 13% Quecksilber; früher soll es mehr als 60% enthalten haben.

Dicht bei den Werken befindet sich eine Quelle, die in überreichlicher Menge vorzügliches Sodawasser liefert; der Aufseher der Minen, in dem wir zu unserer Freude einen Berliner, Namens F., fanden, führte uns dorthin, als ich den Wunsch aussprach, ein Glas *Wasser* zu genießen. Die Natur hat wunderbar verschwenderisch für dieses Land gesorgt; das Almaden Vichy Water (so wird die Quelle genannt) fließt nur als Erfrischungstrunk für die paar Minenarbeiter, und außer ihnen weiß fast Niemand von seiner Existenz!

Für heute muß ich schließen. Aber noch ein Wort andächtiger Bewunderung für den stillen Ocean, dessen Strand von hier aus in einer halbstündigen Fahrt, quer über die Landzunge nach Westen zu, erreicht wird, und über dessen Fläche man von der Höhe einer Klippe, auf der der Weg beim sogenannten Cliff House, (einem beliebten Vergnügungslocale der Bewohner von San Francisco), endigt, zum ersten Male hinblickt. Dicht an der Küste liegen drei kleine Inseln, aus nacktem Fels bestehend; zwei von ihnen sind über und über mit Pelikanen und Seevögeln bedeckt, und auf der dritten lagert eine Unmasse Seehunde, die beständig mit einander spielen, und deren Gebell laut herüber tönt. Darüber hinaus ist nichts als die endlose See.

Wir stiegen zum Strand hinab, und ich war erstaunt, in weitem Umkreise fast gar keine Muscheln zu finden. Es ist gewissermaßen, als ob der Große Ocean zu ernst für diese hübsche Spielerei der Natur sei. Nur einige wenige konnte ich sammeln; diese waren von Einer Gattung, aber von verschiedener Größe, alle stark und fest. –

Occidental Hôtel.

San Francisco, den 29. Juli 1869.

Wir sind im Begriffe, in wenigen Stunden einen großen Streifzug in das Innere des Landes zu machen, der uns vornehmlich nach dem Yo-Semite Valley (wie die Amerikaner sagen: dem schönsten Punkte der Erde; sie pflegen aber, wie Ihr wißt, „Erde“ und „Vereinigte Staaten“ für ein und dasselbe zu halten), zu kolossalen Wasserfällen, zu Riesenbäumen (big-trees), kurz, zu allen möglichen Wundern führen soll. Die Tour wird zehn bis zwölf Tage in Anspruch nehmen, innerhalb welches Zeitraums Ihr also von mir keine Briefe erwarten könnt. – Wir kommen aus dem Yo-Semite Valley wieder direct hierher zurück, und dann wird eine, zu den in Aussicht gestellten Wundern des Thales in richtigem Verhältniß stehende, Riesenepistel losgeschossen; ich denke, die Expedition wird sehr interessant werden, und ich werde Manches zu melden haben. – Der Weg geht von hier in einer dreizehnstündigen Dampfschiffahrt, den San Joaquin River hinauf, nach Stockton, von dort gelangt man theils per Wagen, theils zu Pferde in das Innere der Sierra Nevada, in dem das obengenannte Thal liegt. – Die vierbeinigen und zweibeinigen Dienstthuenden werden für die ganze Zeit gemiethet, und schlafen, essen und bleiben, wo man selbst schläft, ißt und bleibt. Das Weitere aber später, *nach* gethaner Arbeit!

Gestern waren wir in einem der beiden chinesischen Theater, und zwar in dem größeren, welches sich in Jackson-Street befindet. – Es war der komischste Abend, den ich je erlebt habe! Das ganze Ding war vollgepfropft, ausschließlich mit Chinesen, die, wie ich mir habe sagen lassen, den von 7 Uhr Abends bis 3 Uhr Nachts dauernden Vorstellungen unermüdlich von Anfang bis zu Ende beizuwohnen pflegen; wir waren die einzigen Repräsentanten der kaukasischen Raçe.

Die Musikanten, bestehend aus einem Gong-Schläger,* einem anderen, der fast unaufhörlich mit zwei hölzernen Klöppeln gegen eine Art hölzernen Ambos schlägt (was ohrenzerreißend ist), und noch mehreren Virtuosen auf von mir nie gesehenen oder gehörten Instrumenten, – alle wetteifern, den größten Spektakel zu machen –, befinden sich *auf* der Bühne, gleich hinter den Schauspielern. Beim „Gesang" legt der Gong-Schläger seinen Gong weg, und nimmt ein anderes Instrument zur Hand, mit dem er accompagnirt, und dessen Ton ein merkwürdiges Mittelding zwischen Geige und Dudelsack ist. – Das Stück war ein historisches Trauerspiel (so berichtete mir wenigstens ein Adept der chinesischen Sprache, der neben mir saß; für mich hätte es ebensogut ein Ballet mit Gesang sein können), lange Arien, Unterredungen und Monologe kamen in Masse vor. Sobald einer gesagt hatte „Tsching, Tschu, na ko sang sing", oder ähnliches, ging der Musik-Spektakel los; dann wieder Tsching, Tschang, und dann wieder Musik, und

---

* Der Gong ist eine metallene Scheibe, welche mit einem wattirten Klöppel geschlagen wird.

so in einem fort, daß Einem die Ohren weh thaten. Die Schauspieler kreischen ihre Worte mit gellender Stimme heraus, und wenn sie pathetisch werden, führen sie die verrücktesten Sprünge und Zappeleien aus, so daß man denkt, ein Tobsüchtiger tanze da herum. Die Costüme sind prachtvoll, von schwerer Seide, und den schönsten Farben. In den Logen erblickte man einige von den chinesischen swells, die eben so blasirt zusehen, als unsere europäischen, während das plebejische Parquet sich lebhaft mit Geberden und Ausrufen für die Darstellung interessirte. –

Schade, daß ich heute die Beschreibung nicht mehr ausführen kann; es ist schon tief in der Nacht, und ich muß nothwendig ein paar Stunden Schlaf haben. – Nach unserer Rückkunft besuchen wir aber noch eine oder zwei chinesische Vorstellungen, und dann liefere ich die Fortsetzung. –

Occidental Hôtel.

San Francisco, den 10. August 1869.

Ich begrüße Euch mit großer Freude wieder von San Francisco aus, liebe Familie! – Offen gestanden, bin ich – und ist Ernst – ziemlich froh, daß die beinahe vierzehntägige Tour glücklich zu Ende ist; es war eine Strapaze von A bis Z. – Wir sind aber Beide gesund, tüchtig verbrannt, und um viele merkwürdige Anblicke und Erfahrungen reicher zurückgekommen – also: Gaudeamus! – In Parenthese muß ich vorausschikken, daß wir die Anlage zu unserer Expedition und den Plan von ihr einem Herrn G. verdanken, der hier angesessen ist, und dessen Bekanntschaft wir im deutschen Club gemacht haben. Und nun vorwärts.

Mit einem Staubmantel und einem sogenannten saddle-bag (zwei zusammenhängende Taschen, die man beim Reiten hinter sich quer über den Sattel legt) als einzigem Gepäcke ausgerüstet (Regen „is nich“, wie ich Euch schon neulich schrieb, also ist auch kein Regenschirm nöthig), bestiegen wir Donnerstag, 29. Juli, das Dampfschiff, das uns auf dem schon einmal gemachten Wege, durch die Bays von San Francisco Pablo und Suisun, in welche der Sacramento und der San Joaquin River zusammenfließen, den letzteren hinauf, in der folgenden Nacht nach Stockton brachte. Wir schliefen bis zum Morgen in unserer berth auf dem Schiffe, und nachdem wir dasselbe um 6 Uhr verlassen, gelang es uns – nicht ohne viele Mühe, da sich zunächst wohl Fuhrwerk und Pferde in Menge fanden, aber kein Gentleman, der uns fahren wollte – schließlich doch, einen solchen mit einem Zweispänner aufzutreiben, der die Güte haben wollte, uns für 75 Gold-Dollars die 160 Meilen nach Mariposa ins Innere des Landes zu schaffen, von wo aus das Reiten beginnt.

Wir brachen nun also von Stockton auf und genossen sofort die „glühende Sonne Californiens", die „ihren Namen mit Recht führt", und von der einzig und allein San Francisco verschont ist. – An kühlen Tagen hatten wir, so lange wir im Innern waren, durchschnittlich 28° im Schatten,[71] in der Sonne zeigte das Thermometer 38 bis 42°,[72] und in der letzteren befindet man sich fast ausschließlich. –

Es giebt nichts Abscheulicheres, als die Fahrt von Stockton bis Mariposa, die man in 36 Stunden, excl. der Nachtruhe, zurückgelegt. Kein Baum ist am ganzen Wege; die Sonne brennt fast wie die Flamme eines Wasserstoffgebläses; da es bereits monatelang nicht geregnet hat, liegt der Staub fußdick, und hüllt, durch keinen Luftzug fortgetrieben, den glücklichen Reisenden vom Anfang bis zum Ende der Fahrt in eine Wolke, die ihn kaum athmen läßt, und durch die er sich in wenigen Stunden wie von einer dicken Kruste bedeckt findet. Was Reinlichkeit betrifft, so muß man die für die Dauer der Excursion überhaupt völlig aufgeben.

Auf der ganzen Strecke bis Mariposa sieht man nur Sand, und nichts als Sand, absolut keine Erhebung des Bodens, und kaum alle 20 Meilen eine Farm. Eine kleine Abwechslung bietet der Aufenthalt an den Fähren über mehrere Flüßchen, die man zu überschreiten hat, und von denen der Stanislaus, Tuolumne und Merced River nicht unbedeutend sind. Brücken giebt es natürlich in diesem hochcultivirten Winkel der Erde nicht, man muß sich vielmehr mit seinem Gespann einem bald mehr, bald weniger gebrechlichen Fahrzeuge, gewöhnlich von einer seltsamen Construction, bei der die Regeln der Schiffsbaukunst gänzlich vernachlässigt scheinen, anvertrauen. Fast immer findet man diese Nachen besetzt, und zwar von großen Wagen, welche den im Lande zerstreut wohnenden Ansiedlern die Produkte der Civilisation zuzuführen pflegen, und von denen man hier und da langen Zügen begegnet; sie sind gewöhnlich mit 12 oder 16 Mauleseln bespannt, deren Einschiffung schon allein nicht ohne Schwierigkeit und Tumult arrangirt und bewerkstelligt werden kann. So hat man nicht selten das Vergnügen, eine halbe Stunde in der Sonne warten zu müssen, und freut sich nur, wenn es nicht noch länger wird. – Die wenigen „Wirthshäuser", die man am Wege trifft, sind jämmerliche, unappetitliche Hütten; den „Salon" theilt man gewöhnlich mit dem Federvieh, welches den Fußboden um die Wette mit den Kautabak spuckenden, zu allen Zeiten des Tages Siesta haltenden Arbeitern (meinen Freunden, den Gentlemen) beschmutzt, so daß man häufig nicht weiß, wohin man seinen Fuß setzen soll, geschweige denn sich selbst. Der Kutscher ißt selbstverständlich, ebenso wie alle übrigen Gentlemen, und wie später unser Führer, an Einem Tische mit uns; darüber darf sich ein hier zu Lande Reisender nicht wundern, – höchstens darüber, daß man ihn überhaupt bedient. Dies letztere Geschäft ist Sache der Chinesen.

Das Gasthaus, in dem wir in Snellings, am Schlusse des ersten Tages, nach einer Wagenfahrt von 65 Meilen, übernachteten, war etwas besser, als die unterwegs. Der Wirth, Namens Coulter (der sich, wie er uns erzählte, seit einigen Jahren, nachdem er die wenige Tagemärsche entfernte „große Stadt", Namens Coulterville, gegründet, hier zur Erholung von seinen Thaten niedergelassen hat), gab sich viele Mühe mit uns, und wir verdanken u. a. seinem Rathe eine für uns sehr interessante Aenderung in dem Plane des folgenden Tages. – Anstatt nämlich direct die 41 Meilen nach Mariposa zu machen, berührten wir auf einem Umwege die Goldminen von Bear Valley, und haben so einen Anblick gehabt, ohne den wir allerdings Californien nicht hätten verlassen dürfen.

In Bear Valley angelangt, wandten wir uns an den Ober-Aufseher der Minen, einen Mr. Rice, welcher uns überall umherführte, und uns die Gewinnung des Goldes vom Losbrechen des Quarzes an, bis zum schließlichen Ausglühen der Goldtheile, zeigte. – Es werden jetzt täglich etwa 35 Tons Quarz (ungefähr 700 Ctr.) dort verarbeitet; jeder Ton liefert einen Durchschnittsertrag von 15 bis 20 Dollars; also ein mühseliges Geschäft! Alles wird ausschließlich von Chinesen besorgt. – Ein ganz angenehmer Zufall für uns war, daß der Erfinder einer besondern Art von Quarzmühlen, die, wie ich höre, bei den Goldgräbern epochemachend sind, und von denen ich einige bereits in den etwa 4 Meilen von Bear Valley entfernten Werken, den Benton Mills, in Thätigkeit gesehen habe – ein Mr. Ryerson – gerade anwesend war, und uns auf unserem Ritte dorthin begleitete. – Der Proceß der Goldgewinnung, den wir hier mit ansahen, ist folgender: Die losgelösten Quarzstücke werden in den von Wasser getriebenen Mühlen zu einem weißlichen Pulver zerstampft, resp. zerrieben. Dieses Pulver wird in großen Trögen mit Quecksilber durchmengt, welches letztere sich mit den in dem Pulver befindlichen Goldtheilchen amalgamirt. Hierauf wird der ganze Inhalt der Tröge in einem eigenthümlich construirten Waschapparate einem dünnen Strahle Wassers ausgesetzt, welcher die leichten Steintheilchen fortschwemmt, während er das schwere Amalgam zurückläßt. Dies Letztere wird dann in Retorten gebracht und daselbst ausgeglüht, worauf das Quecksilber entweicht und das reine Gold in der Retorte zurückbleibt.

Auf dem Rückwege von den Mühlen passirten wir ein chinesisches Dorf, in welchem die hier beschäftigten Arbeiter wohnen, dann ein indianisches Lager, und es kam uns ganz komisch vor, als wir bei unserer Ankunft in Bear Valley von Mr. Rice seiner niedlichen jungen Frau vorgestellt wurden, und wir wieder einmal ein hübsches, weißes Gesicht erblickten. – Sie hatte gehört, daß ein „Neffe von Onkel“[73] anwesend sei, und wollte deshalb unsere Bekanntschaft machen. Also selbst dort! – Einige ihrer Freundinnen und deren Männer fanden sich auch noch ein; wir schwatzten sehr gemüthlich mit einander, und als wir, schon bei Dunkelwerden, unser Fuhrwerk bestiegen, um noch die 12 Meilen nach Mariposa weiter zu fahren, wollte der Abschied von den Leuten kein Ende nehmen.

Im Ganzen waren, wie Ihr seht, schon die beiden Tage, mit denen unsere Reise begonnen, ziemlich anstrengend gewesen. Den ersten hatten wir von 8 Uhr Morgens bis 9 Uhr Abends auf der Landstraße verbracht; am zweiten war von 6 Uhr Morgens bis 2 Uhr Nachmittags, und dann von 7 bis 9 Uhr Abends derselbe Zeitvertreib, dazwischen 8 Meilen Reiten und das Umherlaufen in den Mühlenwerken. Daß unser Kutscher keine Idee vom Wege hatte, oder, besser gesagt, von der Richtung, die er zu nehmen hatte (denn einen eigentlichen Weg giebt es nicht), und wir dreimal nach Befragen von Farmers, die wir glücklicherweise trafen, unsere Route zu ändern gezwungen waren, ist nach hiesigen Begriffen nur natürlich, – weniger natürlich aber, daß wir nicht ein einziges Mal umwarfen und des Abends richtig an die Orte kamen, wo wir hin wollten.

Aber unsere armen Pferde! Daß dieselben an einem Tage 65 Meilen und am zweiten 41 machen müssen, kommt Einem zuerst (und wohl mit Recht) als Thierquälerei vor; durch das darauf Folgende wird man indessen dagegen abgestumpft.

Dritter Tag.

In Mariposa, einem kleinen, entsetzlich heißen Neste, welches aus ein paar Holzhäusern besteht, (südöstlich von Stockton auf einer Specialkarte zu finden), trennten wir uns, und nicht ungern, von den armen geplagten, zuletzt genannten Geschöpfen und ihrem Lenker (der sich übrigens nicht nehmen ließ, nachdem er unser Trinkgeld mit Würde eingesteckt hatte, uns selbst mit einem „drink“ zu tractiren, und uns dabei zu erklären, zu wie großer Genugthuung ihm unsere Bekanntschaft gereicht habe), und mietheten sofort die zu der Expedition nach den big-trees und dem Yo-Semite-Thal nöthigen Pferde, und unseren Führer. Für den Letzteren hatten wir, außer seinem täglichen Gehalte, auch Pferd und Kost zu bezahlen. Die Pferde sind mexikanisch-californisches Halbblut, klein und häßlich, aber, wie wir erfuhren, von großer Zähigkeit und Ausdauer; der Führer, *Mister* Peter Gordon (die hiesige Etiquette befiehlt, ihn immer so zu nennen; das in England bei der Anrede übliche Sir widerspricht republikanischen Grundsätzen und darf nie angewendet werden), war uns von G. empfohlen worden, und hat sich als untadelig herausgestellt; wir waren also in jeder Beziehung vortrefflich versehen.

Um halb 8 Uhr Morgens brachen wir auf; das Tagewerk, welches vor uns lag, waren 24 Meilen. – In der Mitte des Weges sollten zwei Ruhestunden in einer kleinen freundlichen Ranch (wie man hier auch statt Farm zu sagen pflegt) gemacht, sonst aber gar nicht gehalten werden.

Wir ritten zuerst auf einem Wege, der entfernte Aehnlichkeit mit einer Wagenstraße hatte; nach etwa vierzehn Meilen bogen wir jedoch auf einen Saumpfad ab, den wir uns, ich kann nur sagen: bemühten, nicht mehr zu verlassen, da er häufig ganz unsichtbar wurde. Von außerordentlicher Beschwerlichkeit war er aber immer, ob sichtbar oder unsichtbar. Er führte Abhänge hinauf und hinab, die wegen ihrer Steilheit fast unmöglich zu bewältigen schienen; über steinige Stellen, auf denen man fast jeden Augenblick fürchten mußte, mit dem Pferde zu stürzen; durch Bäche, in welchen wir häufig mehr, als wir es wünschten, naß wurden, wenn auch die Nähe des Wassers in der glühenden Hitze wohlthätig wirkte. Die Pferde pflegten gern in ihnen einige Sekunden stehen zu bleiben, und ein paar eilige Züge von dem Wasser zu thun, wobei ihre Reiter dann gewöhnlich dem guten Beispiele folgten.

Zu unserer Erquickung hatten wir übrigens Umhängeflaschen mit Branntwein gefüllt mit, aus denen ein kleiner Schluck uns häufig stärkte; auch dienten ein paar Tropfen von ihrem Inhalt, dem Wasser beigemischt, dazu, etwaige schädliche Wirkungen des letzteren zu paralysiren.

Eine große Annehmlichkeit sind die, hier im Westen ausschließlich, und in den Staaten oft gebrauchten, mexikanischen Sättel; die dazu gehörigen Steigbügel, mit ledernen Umhüllungen für den Fuß und Beinschienen, bewährten sich besonders als Schutz gegen die Nässe bei dem Durchreiten der Bäche.

Erst am Abend kamen wir in Sicht unserer Ruhestation, eines kleinen Holzhäuschens, welches, wie alle Wohnungen in jenen einsamen Gegenden, einfach den Namen seines Besitzers führt, und Clark's[74] heißt. – Hier, in einer Höhe von etwa 4129 Fuß, setzten wir uns, da wir von dieser Stelle aus die big-trees besuchen und erst dann in das Thal weiter reisen wollten, für zwei Nächte fest. Ich muß leider sagen, daß uns diese beiden Nächte, trotzdem sie nicht gerade durch Wagengerassel gestört wurden, dennoch nicht die erquickliche Ruhe boten, die wir von ihnen gehofft hatten. Sie wurden uns nämlich durch Vaters Freunde, die Wanzen, zu Schanden gemacht, welche hordenweise über uns herfielen, und uns umherjagten, wie die Mäuse ehemals den Bischof Hatto[75].

Aber der zwischen diesen beiden verlorenen Nächten liegende Tag entschädigte für unsere Leiden, und würde für noch größere entschädigt haben. Wenn die sieben Weltwunder wirklich existiren, so sind die big-trees sicherlich Nr. 8. – Denkt Euch eine Gruppe von etwa 660 Bäumen, jeder mehrere hundert Fuß hoch, von denen der dickste 104 Fuß an der Basis im Umfange hat! Der unterste Zweig dieses letzteren Riesen, der erst etwa 90 Fuß über dem Boden ansetzt, hat einen Durchmesser von 6½ Fuß. – Einer der Stämme ist umgefallen, und von Indianern ausgebrannt worden; er bildet ein förmliches Haus. Das Prächtigste bei diesen Bäumen ist, daß sie kerzengerade in die Höhe gewachsen sind, und alle Zweige, in schönem harmonischen Verhältniß zum Stamme stets kleiner werdend, bis zum Gipfel hinaufgehen. Ihre Kronen sind theilweise abgebrochen, wohl durch die große Schneelast, die sie jährlich, also schon mehrere Tausend Male, (denn ein solches Alter haben sie ihren Ringen nach), getragen haben, die Stämme leider fast alle von indianischem Feuer an der Basis beschädigt.

Es ist eine ganz besondere Species von Bäumen; man hat sie im Pflanzensystem mit dem Namen Wellingtonia gigantea bezeichnet; sie existiren nirgends wo anders, als in Californien, und zwar auch hier nur an zwei Stellen, nämlich in der Mariposa und Calaveras County.

Alle Bäume dieses Theiles der Sierra haben übrigens in der wunderbaren Gradheit, mit der sie vom Fuße bis zum Gipfel emporschießen, Aehnlichkeit mit den bigtrees; auch in der Höhe stehen sie ihnen häufig nicht nach, nur im Umfange. – So ist z. B. einer vor unserer Hütte im Yo-Semite-Thale 209 Fuß hoch. – Es sind meistens gewöhnliche oder Sugar-Pines, welche außerordentlich lange Tannäpfel tragen; von denen, die ich gesehen, war der größte nur eine Kleinigkeit weniger als zwei Fuß lang. Demnach empfiehlt es sich, diese Gegenden nicht in der Jahreszeit zu besuchen, wo die Tannäpfelchen herunterfallen!

Außerdem kommt hier noch eine Anzahl anderer Bäume, mehr oder weniger seltener Gattung vor, als Mahagony-, Manzanita-Bäume u. a. m. – Alle wachsen 6 bis 7000 Fuß über dem Meeresspiegel, ja, noch höher als 8000 Fuß ritten wir durch einen dichten Fichtenwald! – Die Riesenbäume stehen in einer Höhe von etwa 6000 Fuß; die Entfernung derselben von Clark's ist sechs Meilen; wir ritten an diesem Tage im Ganzen etwa funfzehn.

Der nächste war einer der beschwerlichsten auf der ganzen Tour; wir hatten nämlich einen Ritt von 24 Meilen zurückzulegen, um an das Endziel der Expedition, in das Yo-Semite- (bedeutet „grauer Bär" auf indianisch) Thal zu gelangen. – 24 Meilen sind schon in der Ebene für Pferd und Reiter ein hübsches Stückchen Arbeit; aber unter Verhältnissen, wie die geschilderten, erscheinen sie wie eine Ewigkeit. Mehrere Male ging es tausende von Fußen in die Höhe und wieder herunter; oft mußten wir absteigen, und unsere Pferde, die nur widerstrebend den steilen Berg hinauf oder hinab wollten, hinter uns am Zügel herziehen, was bei der glühenden Sonne und dem grenzenlosen Staube, in den wir häufig bis über die Knöchel einsanken, weder eine leichte, noch angenehme Arbeit war. Und dabei kann man nicht sagen, daß wir langsam ritten; es ging vielmehr, sobald es das Terrain nur einigermaßen gestattete, in Galopp oder Trab über Stock und Stein. – Als Curiosität will ich doch erwähnen, daß wir an einer Stelle vorbeikamen, die Westphal's meadow genannt wird. Jemand Namens Westphal soll sich einst in diese Einsamkeit mit seiner Frau, einer Chinesin, zurückgezogen, und da ein paar Jahre gelebt haben. Die amerikanischen Grundsätze verdammen nämlich solche Misch-Heirathen, und die dagegen Sündigenden werden von der Gesellschaft ausgestoßen. – In 9½ Stunden (mit Einschluß einer nur kurzen Rast zur Mittagszeit, im Schatten eines herrlichen Baumes) waren wir im Thale.

Man muß wissen, wie man in Californien von den Naturschönheiten desselben schwärmt, um im Allgemeinen die betreffenden Schilderungen übertrieben zu finden. Die Californier – und vielleicht, weil sie aus Höflichkeit Anstand nehmen, eine abweichende Ansicht zu äußern – die wenigen anderen Menschen, die hierher gekommen sind – halten es für den „schönsten Punkt der Welt“. Selbst Schlagintweit, der Reisende um die Erde, der den Himalaya, den Kaukasus und die Alpen kennt, und der kurz vor uns hier gewesen ist, bestätigt dieses Urtheil, und soll in einem Vortrage im Deutschen Club von San Francisco gesagt haben, er habe in keinem Welttheile eine so wundervolle Natur gesehen.

Ich muß nun zugeben, daß ich das Thal allerdings *großartiger* finde, als irgend etwas, was ich kenne, und daß, um einen Vergleich mit für Euch heimischen Scenerien zu machen, die Thäler in der Schweiz hierin dem Yo-Semite-Thal nicht gewachsen sind; dafür sind jene aber doch nur selten ohne eine gewisse Lieblichkeit und Anmuth, eine Eigenschaft, welche diesem hier völlig abgeht. Freilich tritt nun bei dem letzteren wieder zur Großartigkeit das Interessante einer Urwildniß hinzu; man sieht fast, daß an den meisten Punkten der Umgebung des Thales noch keines Menschen Fuß je gewesen sein kann, wie es denn ja auch erst seit verhältnißmäßig kurzer Zeit, und zwar durch folgenden Anlaß, entdeckt worden ist: Ansiedler in der Ebene waren von indianischen Stämmen angegriffen und ermordet worden; ihre Freunde machten sich in großer Zahl auf, um sie zu rächen, und verfolgten die zurückweichenden Wilden bis in das Thal, von wo dieselben nicht schnell genug entweichen konnten, und wo ein furchtbarer Kampf entstand, der mit der Vernichtung der Rothhäute endigte. – Von dieser Zeit fing der Ruf der Gegend an, und seitdem wird sie mehr und mehr besucht. – Höhenmessungen und Angaben über Länge und Breite des Thales sind noch ungenau. Ungefähr richtig soll Folgendes sein: Die Thalsohle liegt etwa 4100 Fuß hoch; ihre Länge beträgt 9½, ihre größte Breite etwa ¾ Meilen. – Berge von der Höhe von 7000 bis 10,000 Fuß umgeben es von allen Seiten mit *senkrechten*, gänzlich nackten Felsenwänden, welche den Zugang zu ihm nur an wenigen Stellen möglich machen, und welche 3- bis 6000 Fuß kerzengrade über sich emporsteigen zu sehen, einen ebenso seltenen als grandiosen Anblick gewährt. Von ihnen herab kommen, außer mehreren kleineren, zwei Wasserfälle von ganz außerordentlichen Dimensionen. Der eine, Pohono indianisch, englisch Bridal Veil Fall genannt, fällt ohne Unterbrechung 900 Fuß, der andere, der Yo-Semite Fall, 2700, in zwei Absätzen von 1600 und 1100 Fuß. – Gerade dem letzteren gegenüber, und in Front des schon genannten 209 Fuß hohen Riesenbaumes, am Fuße eines der höchsten Felsen, liegt unser „Hôtel", eine aus Brettern lose gezimmerte, lang hingestreckte Hütte, in der wir für zwei Tage unser Quartier aufschlugen.

Vor diesem Palaste sitzen also zwei Europäer in wollenen Hemden, ohne Kragen und Weste, nur mit leinenen Staubmänteln angethan, den Hut (einen riesigen eingeborenen Panama) so weit nach hinten gesetzt, als es nur möglich ist, in namenlosem Schmutz gebadet, und unterhalten sich mit den beiden männlichen Insassen des Hauses, einem kräftigen Yankee und einem Schweden, welcher letzterer als eilfjähriger Schiffsjunge dersertirt ist, und nun als „Gentleman" in Californien herumbummelt. Solche Gestalten, deren Toilette, ohne jede weitere Zuthat, aus hohen Stiefeln, wollenen Hemden und Hosen besteht, mit einem großen Messer und Revolver im Gürtel, der alle Augenblicke auf einen vorbeifliegenden Vogel, oder auf einen indianischen Hund, der das zur Farm gehörende weidende Vieh stört, gelegentlich auch auf eine Forelle in dem vorbeirieselnden Gebirgsbache* (Barbarismus

* Dies ist der schon vorher erwähnte Merced River, welcher auf einem von den umgebenden Bergen entspringt.

für die angelnden Engländer!) abgeschossen wird, sind in Californien überall gäng und gebe. – Die noch junge Frau des Besitzers der Hütte (er selbst ist, wie sie sagt, „on business" nach Sacramento gegangen), Schottin von Geburt, die in ihrer frühen Jugend von ihren Eltern fortgelaufen und schließlich vom Schicksal hierher verschlagen ist, und deren, immer noch hübsche, Züge allerdings deutlich zeigen, daß sie Einiges erlebt hat, macht die Honneurs ihres „Hauses", kocht uns unser Essen, wobei ihr ein indianischer Bengel als Küchenmagd dient, und amüsirt mich sehr durch das energische Wesen, mit dem sie den Yankee und den Schweden (Freunde ihres Mannes), die ihr dessen Abwesenheit zu versüßen bemüht sind, behandelt.

Etwa 40 bis 50 Schritte von unsrer Hütte ist ein Lager von Indianern, welche dort den Sommer hindurch im Freien, manche auch unter bunten, von Schmutz starrenden Zelten kampiren, und sich durch Forellenfang und Sammeln wilder Himbeeren, die an allen Stellen des Thales (ich erinnere Euch daran, daß wir in einer Höhe von 4000 Fuß sind!) wachsen, hin und wieder etwas Geld von unserer liebenswürdigen Wirthin verdienen. Die Truppe zählt im Ganzen an Männern, Weibern und Kindern etwa 20 Leute, giebt aber durchaus keine Beweise von Feindseligkeit, so daß die Bewohner des Holzhauses, selbst wenn sie keinen Besuch von Fremden haben, sie nicht zu fürchten brauchen. Ernst und ich gingen in den beiden Tagen, wo wir dort anwesend waren, oft zu ihnen, und betrachteten das elende Leben, welches sie führen, und das von dem der Thiere wirklich wenig verschieden ist. Mehrere von ihnen waren krank und lagen, wie uns der Schwede sagte, bereits wochenlang auf der nackten Erde, ohne irgend eine andere medicinische Kur, als daß sie sich von Zeit zu Zeit von einer ihrer Squaws, die, wie sie meinen, die Gabe zum Heilen hat, mit den Händen bestreichen lassen. Ich wohnte einer solchen Operation mehrere Male bei, und machte selbst schließlich eine andere mit einer Flasche Wein, die wahrscheinlich besseren Erfolg hatte. – Höchst pittoresk ist der Anblick eines solchen Indianerlagers im Walde – der Schein der schon am Salzsee beschriebenen Feuer, um die sie sich hinkauern, und die niedrigen Wigwams. Ihre Hunde stellen sie, wie Vedetten, nach allen Seiten hin auf, und diese erheben bei der Annäherung eines Fremden ein böses Geknurre. Die Indianer sehen sich, so aufmerksam gemacht, um, und wenn sie gewahr werden, daß der Ankömmling nichts Böses im

Schilde führt, werfen sie vom Feuer aus sehr geschickt einen Stein oder einen Zweig nach den Hunden, worauf diese sich dann ganz ruhig verhalten, und man unbesorgt passiren kann. – Betrachtet noch einmal unsere Umgebung im Ganzen, und sagt, ob zwei Deutsche, eine Schottin, ein Yankee, ein Schwede und einige zwanzig Indianer nicht eine merkwürdig zusammengewürfelte und originelle Gesellschaft für einen so abgelegenen Winkel der Erde bilden!

Es sind noch andere Bewohner im Thale und auf dem Wege zu ihm, deren Begegnung uns indessen nicht zu Theil geworden ist, Klapperschlangen und graue Bären – nette Hausthierchen! – Die Bären haben sich allerdings jetzt ganz auf den östlichen Theil der Berge zurückgezogen, wo sie von den Indianern und ab und zu von Farmers aus der Ebene gejagt werden; auch der Schwede und unser Führer haben, wie sie sagen, einige erlegt. Die Klapperschlangen haben sich aber bisher nicht vertreiben lassen. Mr. Gordon hatte noch auf seiner letzten Wanderung ein großes Ding getödtet, wovon er uns die Klappern zeigte. Wir selbst fanden zwei todte Schlangen, und sahen auch einmal die frische Spur einer vor ganz kurzem über den Weg gelaufenen. Abenteuer mit ihnen bilden einen Hauptheil des Gespräches unter den Leuten im Thale, welche neuerdings den Plan gefaßt haben, ein paar Heerden Schweine hier hinauf zu bringen, um sie zu vertilgen. Schweine fressen nämlich Klapperschlangen, und diese können ihnen mit ihrem Gifte nichts anhaben.

Es versteht sich, daß wir die beiden Tage, die wir für hier bestimmt hatten, nicht ruhig saßen; wir machten Streifzüge nach allen Richtungen hin, obwohl die Temperatur, durchgängig 26 Grad im Schatten, uns mehr als einmal in Versuchung brachte, der Faulheit zu fröhnen. Ein kleiner, 45 Fuß tiefer See, Mirror Lake genannt, in dem sich die Berge ähnlich spiegeln wie im Klön-See bei Glarus, und außer den beiden, deren ich schon oben Erwähnung gethan habe, noch zwei herrliche Wasserfälle, der Vernal- und Nevada-Fall, letzterer 700 Fuß hoch, zu denen man nur durch schwieriges Klettern gelangt, wurden besucht – alles Parthien von 6 bis 8 Stunden, mit ziemlich weiten Ritten, und auf recht ungünstigem Terrain. Die an manchen Stellen sehr üppige, fast tropische, Vegetation der Thalsohle macht häufig felsigen Erhöhungen des Bodens, zwar nicht bedeutend an Umfang, aber wegen der Glätte des Gesteins sehr schwierig für die vierbeinigen Geschöpfe, Platz.

Trotzdem nannten wir dies unsere Erholungszeit, in Hinblick auf den Rückweg, den ich mir übrigens erlauben werde, nur kurz zu erwähnen. Er fing mit einem Ritte von 36 Meilen an, die uns 14 Stunden zu Pferde hielten, als erster Tag; dann folgte das Tagewerk Nr. 2 von 12 Meilen Reiten und 41 Fahren; hierauf Nr. 3 mit einer Fahrt von 65 Meilen, am Schlusse derer wir uns wieder in Stockton befanden. Von dort langten wir nach einer eilfstündigen Dampfschiffahrt gestern Nacht um 1 Uhr wieder hier an.

Die ganze Expedition ist nach europäischen Begriffen eine größere Reise, nach den hiesigen eine Vergnügungsparthie. – Ohne die 125 Meilen von San Francisco nach Stockton zu rechnen, haben wir von letzterem Platze aus – hin und zurück – 212 Meilen zu Wagen und 140 zu Pferde zurückgelegt. Ist das nicht eine „Pferde-Tour" in jeder Bedeutung? Für uns aber war die Exkursion, abgesehen von den Naturmerkwürdigkeiten, dadurch besonders interessant, daß sie uns, als eine Reise im Inneren des Landes, den Zustand desselben und seiner Bewohner, die allgemeine Sicherheit, das Klima, – kurz, alles Wissenswerthe gründlich gezeigt hat. Wir blicken jetzt mit großer Befriedigung auf sie zurück, und freuen uns, daß wir sie *hinter* uns haben. – Ich kann aber nicht umhin zu sagen, daß, hätten wir nicht jene *allgemeinen* Erfahrungen gemacht, die doch eigentlich, – gewiß wenigstens nach dem Sinne der Bewohner San Francisco's –, nicht als ein integrirender Bestandtheil der Exkursion aufzufassen sind, ich die Schönheiten des Thales kaum für ein genügendes Aequivalent für aufgewendetes Geld, Zeit und Kraft halten würde; wer nach den big-trees umkehrt, ist sicherlich bei dem Sehenswerthesten gewesen.

Wir sind überall, auf dem Rückwege sowohl, als auch hier, mit großer Theilnahme empfangen, und unsere der Wahrheit entsprechenden Mittheilungen über das Gesehene aufmerksam angehört worden. Ich hoffe mich nicht in dem Glauben zu täuschen, daß wir, als die ersten, die sich ohne Rückhalt gegen ein allgemeines Vorurtheil äußern, ein gutes Theil des Nimbus, den die bisherigen Besucher dieser noch so wenig bekannten Gegend über dieselbe ausgegossen haben, und der selbst hier und da Damen verleitet hat, die Parthie zu machen, zerstört haben. – Ich sah jenseits Mariposa ein hübsches junges Mädchen in jämmerlichem Zustande vom Thale zurückkommen, und hörte, wie sie sagte: Never again in my life; I am not made for bearing such hardships! – Mich wird es freuen, wenn ich die Ursache wäre, daß eine oder die andere von ihnen es sich zweimal überlegte, ehe sie sich solchen „hardships" aussetzte.

Wir werden noch etwa vier Tage hier bleiben, und Sonnabend, den 14., per Pacific-Bahn abreisen, bis Chicago durchfahren, dort zwei Tage verweilen, dann einen kleinen Abstecher nach Canada machen, und über Montreal, Lake George, Lake Champlain und Saratoga nach New-York gehen, für das wir alsdann noch etwa 8 bis 10 Tage übrig haben. – Offen gestanden hatte ich sehr daran gedacht, um die andere Erdhälfte herum zurückzukommen, aber leider würde die Ausführung eines solchen Planes, da man nicht quer durch Asien reisen kann, wegen des Umweges, den man über Indien machen muß, eine längere Zeit erfordern, als Ernst's Urlaub dauert. – Meine Lust, China zu besuchen, hat soeben wieder neue Nahrung dadurch erhalten, daß wir im Hafen den gerade von Hong-Kong eingetroffenen Dampfer Japan besehen haben. – Es ist ein prächtiges Schiff, das größte der Pacific Mail Steamship Company, hat 4371 Tons und beherbergt 162 Cajüten- und 1288 Steerage-Passagiere. Die Ueberfahrt nach Hong-Kong (etwa 6000 See-Meilen) legt es in ungefähr 30 Tagen zurück.

Laß fahren dahin!

Noch einmal muß ich darauf zurückkommen, wie uns der gänzliche Unterschied des Klimas von San Francisco von dem im übrigen Californien, auch bei der diesmaligen Ankunft, frappirte. – In Stockton waren 38 Grad in der Sonne; in San Francisco friert man heute beinahe im Sommer-Paletot, und die Damen auf dem Dampfschiffe banden sich gestern bei der Landung Pelzkragen um!

Occidental Hôtel.

San Francisco, 14. August 1869.

Heute Nachmittag soll es also wieder „nach dem Osten" gehen! – Ich kann aber nicht umhin, zu wiederholen, wie schwer ich mich dazu entschließen kann, nicht „um die andere Seite herum" zu Euch zurückzukehren. Canada und den projectirten Aufenthalt in Paris würde ich gern hingeben, hätten uns die Umstände erlaubt, über China zu gehen!

Wir haben uns die letzten Tage noch viel umhergetrieben: eine große Anzahl von Fabriken besucht (in den meisten arbeiten Chinesen); die Lager zweier bedeutender Weinhändler angesehen, die Bereitung des californischen Champagners uns zeigen lassen, dabei sämmtliche californische Weinsorten durchgekostet, als da ist Port, Muskatel, Hock, Angelika, – auch Brandy fehlte nicht; ferner den bekannten Volksredner George Francis Train, Fenier von Geburt, in einem öffentlichen Locale seine Declamationen vor einem dichtgedrängten Publikum zweifelhafter Beschaffenheit halten sehen und hören (er eiferte über die jetzt so brennende Chinese question[76], und das Verhältniß Californiens als Einzelstaat zum Bund); haben des Abends Ausflüge nach verschiedenen Spielhöllen und ähnlichen Localen gemacht, die ich nicht weiter beschreiben möchte – wir mußten doch auch diese Seite des Volkslebens, in die man hier leicht eingeweiht wird, weil sie nur allzu offen daliegt, kennen lernen, – und gestern Nacht unsere Streifzüge beschlossen, indem wir nochmals in ein chinesisches Theater gingen. Wir hatten das Glück, gerade einen schönen „fight" zu treffen: die allgemeine Prügelei auf der Bühne, womit jeder größere Abschnitt der Darstellung schließt. – Bei den Chinesen dauern alle Ereignisse auf der Bühne ebenso lange, als in der Wirklichkeit, und so spielt häufig ein und dasselbe Stück Wochen hintereinander; es war daher für uns in der That ein günstiger Zufall, daß wir gerade zu dem fight kamen. Der Scandal dabei war indeß so fürchterlich, daß wir es kaum eine halbe Stunde im Theater aushielten.

Und nun adieu, Californien; adieu dem interessantesten Theile Amerikas, den wir gesehen! und adieu Ihr lieben Leute! auf Wiedersehen in den Staaten.

Tremont House.[77]

CHICAGO, den 22. August 1869.

Wenn ich jetzt mit Muße sprechen könnte, anstatt zu schreiben, und mich nicht Neues unaufhörlich in Anspruch nähme, würde ich dem wunderbaren Lande, aus dem wir eben kommen, einen großen Epilog angedeihen lassen, in dem alle die dortigen Merkwürdigkeiten – Vollkommenheiten und Unvollkommenheiten –, die fruchtbaren und üppigen Thäler und die unbebauten Sandwüsten, die hübschen Farmen und die von den „Miners“ verwüsteten Landstrecken, die nach Pariser Mode geputzten Damen und die Chinesen, der stille Ocean, die bigtrees, das Yo-Semite Thal, – eine geeignete Stelle erhalten sollte. Wo ist aber das Alles jetzt geblieben? – In Europa redet man schon bei Reisen, deren Gebiet nicht mehr als hundert Meilen umfaßt, von dem Jagen der Eindrücke, durch die das „Gestern“ ungestüm von dem „Heute“ verdrängt wird –; was soll man nun hier sagen, wo man sich von der Eisenbahn, ohne irgend welchen Aufenthalt, Tausende von Meilen fortgeführt findet in eine ganz neue und ganz verschiedene Umgebung, in eine andere Welt? – Denn so verschieden ist selbst der, bis vor kurzem noch so bezeichnete, „far-west“ der Staaten von Californien.

Wir sind, nachdem wir den großen Schienenweg in sechs Tagen und fünf Nächten glücklich zurückgelegt, vorgestern Nachmittag hier eingelaufen. Dank den vorzüglichen Einrichtungen der sleeping-cars fühlten wir uns – ohne Uebertreibung – bei der Ankunft so, daß wir gleich im Stande gewesen wären, eine noch einmal so lange Fahrt zu machen. Haben sich die Nerven einmal an den beständigen Spectakel gewöhnt, was wohl schon am zweiten Tage bei Allen der Fall zu sein pflegt (nervöse Leute giebt es in Amerika überhaupt nicht, es könnte sich also nur um mitfahrende Europäer handeln), so erinnert Einen fast nichts mehr daran, daß man sich auf der Eisenbahn befindet; wie ich es schon früher beschrieb, glaubt man in einem eleganten Hôtelzimmer zu sein. Man stellt sich bald auf die Plattform des Wagens, und sieht sich die Aussicht an, bald macht man einer neugebackenen Bekanntschaft einen Besuch, bald setzt man sich an einen Tisch und spielt Karten, bald geht man in den verschiedensten Wagen des Zuges spazieren und mustert die Mitreisenden, bald liest man die neuesten Zeitungen aus dem Osten, von denen ein ganzes Bündel aus einem eben entgegen kommenden Zuge herübergeworfen wird, u. s. w.

Unsere ganze Fahrt hatte nur einen kleinen „accident“ aufzuweisen. Am zweiten Tage, mitten in der Wüste, hielt der Zug plötzlich an, und als wir zum Fenster hinaussahen, erblickten wir vor uns mehrere Wagen eines auf den Schienen haltenden, mit Holz beladenen Zuges in lichten Flammen. Da, wie Ihr wißt, nur ein Geleise ist, hatten wir zu warten, bis das Feuer so gut sein wollte, zu verlöschen, natürlich unter großer Besorgniß, daß es die Schienen beschädigen, und unser Aufenthalt dadurch ins Unabsehbare verlängert werden würde. Alles Mögliche wurde versucht, die brennenden Massen vom Geleise zu entfernen, und wir legten sämmtlich Hand an, um mit Hülfe einer Anzahl Chinesen, die zufälligerweise gerade dort in Zelten campirten und Stellen der Bahn ausbesserten, eine Strecke der Schienen derart zu verrücken, daß sie seitwärts über den Damm hinausragten; wir wollten dann die brennenden Wagen nach vorn bewegen und so vom Damm herunterstürzen. Als nun aber die Arbeit mühsam verrichtet war, fand es sich, daß die Gluth, welche dieselben um sich verbreiteten, so intensiv war, daß man sich ihnen selbst mit langen Stangen, die schnell aneinander befestigt wurden, nicht nähern konnte. So entschloß man sich, wohl oder übel, dem Feuer ruhig zuzusehen und das verschobene Geleise wieder fest zu machen. Nach sechs Stunden, in denen uns (es war gerade Mittag) die Wüstensonne ziemlich zusetzte, war endlich alles zu schwarzen Kohlen verbrannt. – Eifrig rannten wir nun hin, um den Zustand der Schienen zu untersuchen, und bemerkten mit Freude, daß dieselben unversehrt, wohl aber die Schwellen in Asche verwandelt waren. – Es dauerte dann noch geraume Zeit, bis es gelang, entbehrliche Schwellen an anderen Stellen der Bahn auszuheben und an der beschädigten einzusetzen. Endlich ging es weiter. – Das Scherzhafteste bei diesem Ereigniß war, daß wir, bis die fahrplanmäßige Zeit wieder eingeholt und die eating-houses, welche außer derselben selbstverständlich das Essen nicht bereit halten, zur richtigen Zeit erreicht werden konnten, hungern mußten, und zwar zunächst eilf Stunden; dann wurde gegessen (dies geschah an einer Stelle, wo wir Abendbrod einnehmen sollten, und wo wir nun zum Frühstück hinkamen), und dann wieder vierzehn Stunden gefastet. Es war unvorsichtig von uns gewesen, daß wir diesmal nicht, wie auf der Hinfahrt, Proviant bei uns hatten; wir hätten das Eintreten von dergleichen Fällen voraussehen können. Indessen theilten mehrere Passagiere, die mit Nahrungsmitteln versehen waren, den Uebrigen von ihren Vorräthen mit, und einige Stücke Büffelzunge und Antilopenbraten von der Hand dieser Mildthätigen leisteten uns vortreffliche Dienste in der Bedrängniß.

Zum Schlusse der Episode nochmals Lob meinen Freunden, den Chinesen, die bei der Verrichtung der recht harten Arbeit an der Brandstätte sich wieder glänzend bewährt haben!

Ob es daran liegt, daß wir durch die californische Hitze gegen alle übrige abgestumpft sind, oder ob es wirklich nicht so heiß war, als bei der Hinfahrt: – wir fühlten uns im Allgemeinen diesmal während der Reise kaum von der Temperatur belästigt. Auch waren bei weitem weniger Passagiere in dem sleeping-car, als das vorige Mal, und das machte das Reisen schon an und für sich angenehmer.

Mein Hauptfreund war ein alter General, der während des Krieges Gouverneur von Oregon[78] gewesen war, und viel davon, besonders von seinen mannichfachen Kämpfen gegen die dortigen Indianer, erzählte. Er bot uns verschiedene Empfehlungen zur Besichtigung von militärischen Anstalten an, die wir aber ablehnten, weil wir leider wegen der Kürze der Zeit keinen Gebrauch mehr davon machen können.

In Omaha angelangt, wurden die Passagiere der Pacific-Bahn auf einer Fähre über den Missouri geschafft: der Chicago-Zug befindet sich auf der anderen Seite des Flusses. Unser Transport bis zur Station am jenseitigen Ufer geschah in sechs vierspännigen Omnibussen, in denen wir auch auf der Fähre sitzen blieben. – Sie hat eine enorme Tragkraft, und man thut für seine Ruhe gut, nicht daran zu zweifeln, wenn man nacheinander die Omnibusse, zwei schwerbeladene vierspännige Gepäckwagen und mehrere Zweispänner im munteren Trabe auf sie hinaufpoltern sieht.

Jenseits (oder von hier aus diesseits) des Missouri beginnt der Staat Iowa, einer der für Ackerbau und „farming" günstigsten Staaten der Union. Obwohl er noch in keiner Weise dicht bevölkert zu nennen ist, so zeigt doch die üppige Vegetation, das schöne Gras, ganze Wälder von hohen Sonnenblumen, einen guten Boden an, der bereits viele Ansiedler dorthin gezogen hat, und ihre Zahl bald bedeutend vermehren wird. Jenseits des Mississippi, den die Bahn auf einer Brücke von Eisen und Holz überschreitet, und von dem wir an dieser Stelle feierlichen und gerührten Abschied nahmen, kommt man nach Illinois. Hier ist, unter ähnlich günstigen Bedingungen wie in Iowa, die Cultur schon weit vorgeschritten; sie gipfelt in der Hauptstadt Chicago, auf welche Illinois, das sich mit Ostentation den reichsten Staat zu nennen pflegt, so stolz ist, und von der ich Euch im Folgenden Einiges berichten will.

Eine günstige Gelegenheit verschaffte uns den Vortheil, es recht gründlich und „mit Anmerkungen" sehen zu können. – Als wir nämlich unsern banker besuchten (was gleich nach der Ankunft geschah, weil wir Briefe von Euch bei ihm zu finden hofften), erbot sich dieser Herr aus freien Stücken, uns am nächsten Morgen in seinem Wagen spazieren zu führen, und uns alles Sehenswerthe der Stadt zu zeigen. Wie er sagte, ist es Gegenstand seines Ehrgeizes, Europäer Chicago von der besten Seite kennen zu lehren, und darum wollte er selbst den Cicerone machen.

Gestern Morgen fand denn nun unsere Rundfahrt statt, die über sieben Stunden dauerte, und ihren Zweck so erfüllte, daß wir ein längeres Verweilen für unnütz finden, und heut Nachmittag weiter gehen.

Die Lebensgeschichte unseres banker's ist hinlänglich interessant, um sie, mit dem Uebrigen, kurz zu erwähnen, und sie illustrirt gewisse amerikanische Zustände treffend.[79]

Unser Freund ist jetzt 45 Jahre alt, aus Westphalen gebürtig. Er studirte in Bonn Theologie und wurde, noch bevor er seine Studien beendet, von einem amerikanischen Pastor, dessen Bekanntschaft er auf der Universität machte, überredet, als Geistlicher hierher zu gehen. Er that das, und war zehn Jahre Prediger. Gleich im Beginn seiner Anstellung schrieb er, wie er sagt, einzig und allein um sich bekannt zu machen, eine Brochüre, in der er die Abschaffung der Bibel beim Unterrichte in den öffentlichen Schulen empfahl. Diese Brochüre erregte großes Aufsehen, und je mehr ihn die Orthodoxen in Folge derselben verabscheuten, umsomehr trug ihn die entgegengesetzte Partei auf Händen. Schließlich wurde er aber des religiösen Hin- und Herdiscutirens, auf das er unausgesetzt eingehen mußte, überdrüssig; er entschloß sich kurz, und wurde Advokat. Nun kam die Zeit der Rebellion des Südens; gleich ließ er seinen neuen Beruf im Stiche, widmete sich ausschließlich dem politischen Kampfe, und trat als wüthender Abolitionist auf. Seine Thätigkeit gefiel den Radicalen; er wurde zum Speaker des Senats auf vier Jahre gewählt, dann auf ebenso lange zum Gouverneur von Illinois, welche beiden Aemter er gerade zur schwierigsten Zeit verwaltete. Und jetzt ist er auf einmal ein prosperirender banker, obwohl er, wie er selbst sagt, gar nichts vom Geschäft versteht!

Was er von seinen Thaten als Gouverneur erzählte, amüsirte uns sehr, besonders wie er Revue über die Truppen seines Staates abgehalten, obwohl er nicht die Uniform eines Infanteristen von der eines Cavalleristen hätte unterscheiden können; wie er die Offiziere bis zum Obersten hinauf hätte ernennen müssen, ohne eine Idee von den Fähigkeiten jedes Einzelnen zu haben; wie eigenthümlich ihm zu Muthe gewesen wäre, das Begnadigungsrecht bei Verurtheilungen zum Tode ausüben zu dürfen, u. s. w. Der jetzige Präsident Grant war Schreiber bei ihm, als er Gouverneur war, und er erzählt, er hätte ihm (dem Präsidenten) oft einen Brief hingeworfen mit den Worten: Please, copy this!

Daß ein solcher Mann Ernst und mir wie gerufen kam, brauche ich wohl nicht erst zu sagen. Wir haben ihn nach allen Richtungen ausgefragt, politische und finanzielle Zustände besprochen, und sind von ihm mit der größten Ausführlichkeit über alles, was wir wissen wollten, unterrichtet worden.

Dabei wurde, wie gesagt, Chicago auch *gesehen*. – Dasselbe ist zu einer Bedeutung herangewachsen, die auch Andere, als seine Bewohner, wenn sie unparteiisch sein wollen, anerkennen müssen. Im Jahre 1840 hatte es 3500 Einwohner, jetzt über 300,000. – Die Lage der Stadt ist sehr günstig, und die Stellung als Haupthandelsplatz des Westens scheint ihr, trotz des rivalisirenden St. Louis, sicher. Sie hat auch das Letztere thatsächlich bereits überholt. – Dreizehn Eisenbahnen münden in ihr; zu Wasser hat sie durch den Michigan-See und den Erie-Canal directe Verbindung mit New-York, und selbst mit dem Ocean.

Der Getreidehandel bildet hier das Hauptgeschäft; im vorigen Jahre wurden 65 Millionen Bushel (ungefähr Scheffel) Getreide exportirt. Sehr interessant war uns die Besichtigung der sogenannten Elevators, Gebäude, in welchen mittelst Maschinen das auf der einen Seite in den Eisenbahnwagen unverpackt ankommende Getreide aus diesen in die Höhe gehoben wird (daher der Name), von wo es dann direct in die auf der andern Seite liegenden Schiffe hinabgleitet; in einer halben Stunde verrichten die Maschinen diese Arbeit an Eisenbahnzügen von zwanzig Wagen und mehr.

Großartig ist auch die Einrichtung, vermöge deren das Trinkwasser für die Stadt beschafft wird. Ein Tunnel von ungefähr 8 Fuß Durchmesser führt etwa zwei Meilen unter dem See fort in der Richtung zur Mitte; von hier, dem Ende des Tunnels, geht eine 100 Fuß hohe Röhre nach oben bis einige Fuß über die Oberfläche des Sees. In dieser Röhre sind an verschiedenen Stellen Klappen angebracht, vermöge deren man das Wasser in mehr oder weniger großer Tiefe in sie hineinlassen kann. Am Ufer wird das durch den Tunnel hergeleitete Wasser durch drei Maschinen, jede von 1600 Pferdekraft, in umfangreiche Reservoirs gepumpt, von denen aus dann die Stadt mit Wasser versorgt wird. Der Grund, weshalb man das Wasser von solcher Weite heranleitet, ist der, daß dasselbe durch die vielfache Bewegung in der Nähe des Ufers getrübt wird; in einiger Entfernung vom Lande ist es aber so klar, daß es selbst unfiltrirt getrunken wird.

Unter die Hauptmerkwürdigkeiten sind die hier ungemein üblichen Häuserversetzungen, die im kolossalsten Maßstabe ausgeführt werden, zu rechnen. Große steinerne Häuser wandern auf diese Weise umher; die Leute bleiben während dessen ruhig in ihnen wohnen und gehen ein und aus, wie gewöhnlich. So hat man die ganze eine Seite einer Straße, etwa so lang wie die Behrenstraße, durchweg aus steinernen Gebäuden bestehend, der Verschönerung halber um 25 Fuß zurückgerückt; das riesige Hôtel, in welchem wir abgestiegen sind, wurde erst vor Kurzem 7 Fuß in die Höhe geschraubt.*

Chicago macht im Allgemeinen einen größeren und fertigeren Eindruck, als irgend eine Stadt auf diesem Continent, ausgenommen New-York, Boston und Philadelphia. Selbst San Francisco steht in Größe der Häuser, Breite der Straßen, Belebtheit derselben, Schönheit der Läden, bedeutend zurück. Man kann wirklich ohne viel Wahrsagekunst Chicago eine *sehr* große Zukunft prophezeihen.

Heute Nachmittag gehen wir in einer 24stündigen Eisenbahnfahrt nach Canada, und zwar zunächst nach Toronto; von dort am folgenden Tage per Dampfschiff über die Rapids (Stromschnellen) im St. Lawrence River, von denen wir uns sehr viel versprechen, nach Montreal.

---

* Folgende Annonce, die ich heute in einer Zeitung fand, wird Euch hiernach nicht in Erstaunen setzen: The long wooden house to the West of C. W. Burt's brick building in Farnam Street, belonging to John Mc. Creary Esq., *is being moved* to the corner of California and Seventeenth Streets.

Es ist dies eine freundschaftliche Anzeige, die Herr Mc. Creary seinen Bekannten von seiner Wohnungsveränderung macht. – Wenn Jemand in Europa, der mit den hiesigen Verhältnissen nicht vertraut ist, dieses Blatt zufällig in die Hände bekommt, wird er einigermaßen über das Wort „moved“ im Unklaren sein.

St. Lawrence Hall.[80]

MONTREAL (CANADA), den 26. August 1869.

Wir verließen Chicago diesmal in einem so genannten Hotel-Car, eine Art Eisenbahnwagen, wie wir sie bis dahin noch nicht gesehen hatten, wo außer den Schlaf-, Wasch- etc. Einrichtungen, die in den sleeping-cars sind, noch die hinzugefügt ist, daß man die Mahlzeiten in ihnen abhalten kann, und also während der ganzen Dauer der Fahrt, wenn es Einem paßt, nicht ein einziges Mal auszusteigen genöthigt ist.

Ich höre, daß man jetzt anfängt, solche Cars von New-York nach San Francisco durchgehen zu lassen; auch auf mehreren östlichen Bahnen sind sie bereits für Strecken von zwei und drei Tagen im Gebrauche. Sie sind an Bequemlichkeit unübertrefflich. Ein Ober-Schwarzer erscheint dreimal am Tage zu den gewöhnlichen Essensstunden mit einer gedruckten Speisekarte, und läßt, nachdem er die Bestellung erhalten, von drei Negern einen kleinen Tisch nett und sauber decken, an dem dieselben dann serviren. – Das Essen ist ganz gut (es wird natürlich im Wagen selbst gekocht), nur leider – und dies ist der einzige Fehler an den Hotel-Cars – riecht man es bereits eine Weile, bevor man es verspeist. – Wenn Viele zu gleicher Zeit essen, sieht der Wagen mit all den kleinen Tischchen genau wie eine Restauration aus.

Da der Weg wenig Bemerkenswerthes bot, ergaben wir uns dem Studium dieses Bildes sowie des Abendbrods, zu dem es bald nach der Abreise von Chicago Zeit wurde, und legten uns recht früh zu Bette. – Etwa zwei Stunden hinter Chicago überschritten wir die Grenze Canada's; augenblicklich genießen wir wieder den Schutz der Königin Victoria – und monarchische Luft; ordentlich wohlthuend für mich Royalisten!

Wir haben uns in Hamilton, einem freundlichen Städtchen mit 25,000 Einwohnern am Ufer des Ontario-Sees, umgesehen, sind einen Tag in Toronto geblieben (in letzterem befindet sich eine großartig angelegte Universität und ein Museum, in welchem ich zu meiner nicht geringen Ergötzung an allen Ecken gesperrt gedruckt Folgendes fand: The dirty practice of spitting is not allowed in these buildings; – ein

Stich gegen die Bewohner der Staaten –), und gehen morgen über Lake George u. s. w., gemäß dem projectirten Plane, nach New-York.

Die Fahrt über die Rapids des St. Lawrence ist einzig und steht auf gleicher Höhe mit den größten Sehenswürdigkeiten Amerikas. Die Rapids, welche sich an vielen Stellen von Prescott, dem Orte, wo der St. Lawrence aus dem Ontario-See heraustritt, bis Montreal mit bald mehr, bald weniger großem Gefälle wiederholen (die längsten und stärksten sind die Lachine Rapids, acht Meilen oberhalb letzterer Stadt), verursachen, daß der herrliche Strom, der so breit ist, wie die Elbe bei Cuxhafen, erst von Montreal abwärts für Segelschiffe fahrbar wird. – Keine anderen als Dampfschiffe gewisser Bauart können sie passiren. Ein indianischer Lootse kommt, wenn man sich ihnen nähert, an Bord, und übernimmt die Direction des Schiffes, dessen Steuerrad alsdann von vier Männern gehalten wird. Drei Andere befinden sich an einem zweiten Steuer, um sofort zur Hand zu sein, wenn mit dem ersten etwas passiren sollte. Ein merkwürdiges Gefühl giebt Einem der erste Augenblick, wenn man sich inmitten des herabstürzenden Wassers mit rasender Schnelligkeit durch die von dem aufgeregten Elemente gebildeten Strudel dahingerissen sieht. Einmal schießt man an dem halbzertrümmerten Rumpfe eines Dampfschiffes vorbei, welches, von unkundiger Hand geleitet, an einer der vielen in den Rapids befindlichen Felsmassen gestrandet ist, und dessen sämmtliche Passagiere ihren Untergang fanden, da man kein Mittel hatte, sicher zu ihnen zu gelangen, um sie zu retten.

Die Fahrt auf dem Ontario-See dauert 20 Stunden, die auf dem St. Lawrence River, welche theilweise sehr reich an malerischen Aussichten ist, besonders da, wo man die Thousand Islands (eine ausgedehnte Gruppe kleiner felsiger und schönbewachsener Inseln) passirt, 8 Stunden.

Bei der Ankunft in Montreal fällt Einem gleich die ungeheure, zwei Meilen lange Eisenbahnbrücke, Victoria Bridge, über den St. Lawrence auf. – Ihre Construction ist nach dem Röhrensystem, gestützt wird sie außerdem durch 23 Pfeiler, je 242 Fuß von einander entfernt, bis auf die beiden mittleren, deren Abstand sogar 330 Fuß beträgt. Ich glaube, sie ist wirklich, wie die Amerikaner sagen, die längste „in the world“.

Die Stadt, die über 150,000 Einwohner zählt, ist halb französisch, halb englisch, und recht eigenthümlich dadurch, daß beide Gegensätze sehr scharf hervortreten; sie hat aber wenig Anziehendes, und wir sahen einige öffentliche Gebäude, die uns empfohlen waren: das Medical College, die Notre Dame Cathedral, das Court House u. a., ohne sonderlich davon erbaut zu sein. Hübsch ist der Quai mit seinen vielen und großen Schiffen, unter ihnen die nach Quebec gehenden Personendampfer, die in Bauart und Umfang denen zwischen Newport und New-York ziemlich gleich sind.

Die Mundart der Montrealer hat leider die Eigenthümlichkeit, daß man sie absolut nicht versteht. Die Franzosen wollen immer englisch und die Engländer immer französisch sprechen; die französischen Namen werden englisch und die englischen französisch ausgesprochen, und da kann sich kein Mensch herausfinden!

5th Avenue Hôtel.

New-York, den 31. August 1869.

Was sagt Ihr dazu, daß wir wieder hier angelangt sind? Ist es Euch ebenso gemüthlich, wie uns, die wir New-York und Berlin beinahe wie zwei Nachbarstädte ansehen? – Ich finde, es giebt keinen besseren Beweis für die Unermeßlichkeit des Raumes des amerikanischen Continents, als diesen. Die immensen Strecken, die wir im Fluge durchreist, die hunderte von Meilen langen, theils wenig, theils gar nicht cultivirten Länder, die wir gesehen haben, und die nun wieder dem Anblicke einer Weltstadt Platz machen – die Erinnerung daran ist es, die uns jetzt fast glauben macht, daß wir schon wieder in Europa angelangt sind, oder daß uns wenigstens der atlantische Ocean nicht weiter davon trennt, als etwa der Canal England von der Küste des Continents.

Nachdem wir gestern Morgen das Hudson-Dampfboot, mit welchem wir von Albany herabgekommen waren, und an dessen Bord wir eine Nacht bequem in einem state-room schlafend zugebracht, verlassen hatten, setzten wir uns in unserem Zimmer angekommen am Fenster hin, und als wir nun auf den Broadway hinaussahen, und auf das unveränderte, uns nun schon ganz gewohnte, Leben in ihm: – da fühlten wir uns (das gestanden wir uns beide) froh, wie in unseren bisherigen glücklichsten Augenblicken.

Zunächst dankte ich dem gütigen Geschick aus voller Seele, das uns Beide die schöne Zeit so gesund und ohne irgend welche Störung hat genießen lassen; – könnte ich Euch in diesem Augenblick Nachricht davon geben, wie gut es uns ergeht, ich bin sicher, Ihr würdet in diesen Dank einstimmen! – Dann las ich die vorgefundenen Briefe von Euch, und da ich in ihnen nur gute Nachrichten fand, gab ich dem 30. August einen dicken rothen Strich, wenn auch nicht im Kalender (da ich keinen zur Hand hatte), so doch in Gedanken.

Eure Briefe sind vom 26. Juli, und ich lese jetzt in ihnen, daß Ihr, als Ihr sie schriebt, noch gar nicht einmal definitiv wußtet, ob wir überhaupt nach Californien gegangen seien, sowie daß Ihr Euch doch in gewisser Besorgniß deshalb befandet! Wie freue ich mich nun, Euch melden zu können, daß die Reise nicht nur überstanden ist, sondern daß sie so schön, so interessant war, so glücklich verlaufen ist, als es nur sein kann; mein einziger Kummer ist, daß Euch diese Nachricht erst frühestens in vierzehn Tagen zugehen wird! – Den Contrast zwischen der Vergangenheit (Eurer Briefe) und der Gegenwart (meines Befindens) fühlte ich als so groß, daß ich beinahe durch eine telegraphische Depesche dem ferneren Contraste zwischen jetzt und der Zukunft (nämlich dem Eintreffen dieses Briefes) abgeholfen hätte.

Ich hoffe, diese Zeilen werden Euch noch so zeitig zugehen, daß Ihr uns von dem Tage an verfolgen könnt, wo wir wieder auf dem Ocean schwimmen; wir denken am 14. September mit dem Hamburger Dampfer „Holsatia“ abzufahren. – Die vierzehn Tage bis dahin sollen noch theils für New-York verwendet werden, theils für den einen oder den anderen Ausflug nach nahegelegenen „watering-places“, wie Newport oder Long Branch.

Das „Baden-Baden“ hier zu Lande, Saratoga, haben wir vorgestern gesehen; es soll alle übrigen Bäder bei Weitem ausstechen. Manchmal kommt es mir vor, als ob in diesem Welttheil Alles entweder über- oder untertrieben im Vergleich mit unsern europäischen Begriffen und gewohnten Verhältnissen sei. Saratoga ist übertrieben. – Ich kenne keinen Badeort mit so unbedeutender Lage, mit so gar keinen Promenaden, mit so richtigen Säuerlings-Quellen, mit so kolossalen Hôtels, mit so exorbitanten Toiletten (und Preisen), mit solchem Menschengewühl, mit solcher zur Schau getragenen Fadheit und Abgeschmacktheit, mit so grenzenloser Langenweile, – als Saratoga. Langeweile meine ich natürlich nur für die sich längere Zeit dort Aufhaltenden; wenn man, wie wir, 24 Stunden bleibt, so hat man so viel zu sehen, daß sie Einem erspart bleibt; Alles über 24 Stunden muß aber fürchterlich sein.

Gegen Hôtels, wie die in Saratoga, sind die in der Schweiz wahre Puppenstuben. In dem unsrigen waren über 800 Personen; andere waren ebenso gefüllt. – Die Anzahl der Neger, die im Speisesaale servirten, kann ich nicht genau angeben; 60 wird eher zu wenig, als zu viel sein.

Von dem unsinnigen Putz, den man an der Mittagstafel, in den drawing-rooms, und auf den bedeckten Promenaden im Hofe des Hôtels, wo nach Tische Musik (aber was für welche!) zu sein pflegt, sieht, schreibe ich nichts; mir fehlen die technischen Ausdrücke, um Euch einen Begriff von den Dingen zu geben, die sich da entpuppen. Besonders des Abends, wenn Tanz-Reunion im großen drawing-room ist, wird Alles losgelassen (speziell die Haare), und Ballanzüge kommen zum Vorschein, die bei uns, wie die Aussteuer der Prinzessinnen, ausgestellt werden würden. Der Schmuck steht dazu im richtigen Verhältniß. – Angesichts dieser Toiletten wundert man sich nicht darüber, daß die Zahl der Koffer einer fashionablen Dame hier selten unter 4 ist. Um Euch einen Begriff zu geben, was an Gepäck in unserem Hôtel in Saratoga ein- und ausgeht, will ich Euch nur sagen, daß mit uns zusammen 24 große Koffer (die bekannten amerikanischen Drei-Etagen-Holzkoffer) vom Bahnhofe ankamen, und der Porter mir sagte, es lägen dort noch einmal so viel zum abholen. Alles dies von einem Zuge für ein Hôtel.

Wir sehen übrigens Saratoga im „Lichtblicke seiner Saison", wie sich unser Freund ausdrückt. Ein paar Stunden nach uns kam nämlich Präsident Grant an, und wurde von einer großen Menschenmasse und einer Deputation empfangen. Wir drückten uns diesmal vor Seiner Amerikanischen Majestät, da wir keine Zeit zu verlieren hatten.

Einen ähnlichen Modeplatz, wie Saratoga, sahen wir in dem Fort William-Henry Hôtel bei Caldwell am Lake George. Dies Hôtel ist eine Art Beau-Rivage, ebenso für sich gelegen, nur dreimal so groß, wie jenes. Toiletten und Tanz waren hier wie in Saratoga, aber die Gesellschaft schien mir am Lake George „ungemischtere" republikanische

Aristokratie zu sein. Es kommt mir so vor, als hielte sich die demi monde überall von hübschen Aussichtspunkten fern, und an solchen ist der Lake George reich, obwohl die amerikanischen Berichte ihn über die Maßen verschönern. – Unequalled (!) even by the famous lake of Como of Switzerland, sagt eine gedruckte Beschreibung des Sees, und dafür verdiente der Verfasser eine Züchtigung, wäre man nicht zu sehr an das „in the world" gewöhnt.

Ich bin recht froh, daß wir auch diese Seite des amerikanischen Lebens gesehen haben. Schmeckt eine Gesellschaft, wo die jungen Leute mit Bändern im Knopfloche herumlaufen, welche den Eindruck von Orden machen sollen, nach der großen Republik?

5th Avenue Hôtel.

New-York, den 10. September 1869.

Wenn Alles gut geht, so erhaltet Ihr diesen Brief nur einen oder zwei Tage, bevor ich Euch die Depesche von unserer Ankunft in Cherbourg sende, – also soll er der letzte „aus Amerika" sein. – Unsere Ueberfahrt läßt sich so vortrefflich an, als wir nur wünschen können. Gestern Nachmittag waren wir durch A. zu einem Diner eingeladen, welches der Capitain der „Holsatia", Ehlers, an Bord derselben gab und an dem etwa zwanzig Herren theilnahmen. Es war ungemein gemüthlich, wie es sich auch von selbst versteht, wenn ein seemännischer Wohlleber, wie der dicke „olle Ehlers" (so wird der Capitain von seinen Freunden genannt) ist, den Gastgeber macht. Der alte Herr gefällt mir recht gut; seine etwas grobe und kräftige, aber immer gutmüthige Weise ist gerade wie man sie so häufig an Capitains in Romanen kennt. Ernst ist viel von ihm geneckt worden, weil er ihn fragte, ob uns nicht die Aequinoctial-Stürme zu schaffen machen würden. Der Capitain lachte und sprach den ganzen Abend hindurch über die Aequinoctial-Stürme von Herrn „Wessfahl" (so nannte er ihn mit seinem hamburgischen Dialekt). – Der erste Offizier, der auch mit uns aß, scheint ein sehr netter Mensch, und der Schiffsarzt ist ein Bekannter von mir von Berlin her; wieder einmal ein höchst eigenthümlicher Zufall!

Nach Tisch ging man auf das Verdeck hinauf, wo Matrosen im

Staatsanzuge die Honneurs machten, rauchte, guckte sich die Sterne an (ohne gerade sehr wehmüthige und tiefe Betrachtungen), und verließ erst um zwölf Uhr den Bord, um über die Bay nach New-York zurückzukehren. Die Hamburger Schiffe ankern nämlich bei Jersey City, also vor dem Festlande.

Heute sind wir in Begleitung eines unserer Bekannten durch mehrere öffentliche Bildungs-Anstalten für schwarz und weiß gegangen und haben dem Unterricht zugehört – ich muß leider gestehen, in einigen Mädchenschulen, wo die Schülerinnen schon erwachsen, und unter ihnen einige Typen von echt amerikanischer Schönheit waren, nicht mit der gebührenden Aufmerksamkeit; später sahen wir uns noch die Schatzkammer der Vereinigten Staaten in dem Treasury-Gebäude an. Wir wurden dort dem General Butterfield, der der Chef des Departements ist, vorgestellt und erhielten von diesem die Erlaubniß dazu, die, wie ich höre, nur selten ertheilt wird.

Ich muß aber jetzt schließen, denn der Brief soll noch mit dem in wenigen Stunden abgehenden Inman-Steamer expedirt werden – das einzige Passagierschiff von hier, welches noch vor uns in Europa ankommen wird.

Grand Hôtel.

Paris, den 29. September 1869.

Wir verließen New-York bei sehr schönem Wetter. Alles machte sich in den beiden ersten Tagen nach Wunsch. Die Gesellschaft war recht nett, wenn auch nur zwei junge Mädchen vorhanden waren (davon obendrein eine verlobte, also kaum mitzurechnende); man spielte, unterhielt sich und vegetirte in der erträglichsten Weise. – Am dritten Tage schlug der Wind plötzlich um, und blies so direct aus Osten, daß er uns binnen 24 Stunden um acht Stunden (nach der gewöhnlichen Zeitrechnung bei den Ueberfahrten) verzögerte. Natürlich lange Gesichter von Seiten des Capitains und der Passagiere; die letzteren wurden noch dazu durch sich einstellenden Regen genöthigt, sich unten aufzuhalten, und es entstand eine ziemlich gedrückte Stimmung. – Einen Tag später klagten drei Herren aus der ersten Cajüte zugleich über Halsschmerzen, und daß sie nicht schlucken könnten; bei der ärztlichen Besichtigung fand es sich, daß sie sämmtlich von der Diphteritis befallen waren. Bald darauf hatte der Doctor dasselbe Leiden, dann weitere sieben Passagiere und vier Stewards, und schließlich auch Euer Sohn. Ich wurde am sechsten Tage der Fahrt Patient, und leider war ich einer der Geplagtesten. – „Wer nie sein Brod im Schiffe aß“, der weiß nicht, was es heißt, an Bord krank zu sein. Ich habe während der ganzen noch verstreichenden Zeit von nichts gelebt, als von einer Tasse Bouillon täglich, und was schlimmer war, nicht eine Minute schlafen können. Ein unaufhörlicher starker Südwestwind schickte uns hohe Wellen von seitwärts, die das Schiff so schwanken machten, daß an ein Stillliegen nicht zu denken war, und daß selbst unser Capitain, der alte Seeheld, vier und zwanzig Stunden lang, während der schlimmsten Zeit, kein Auge zuthun konnte. Eine Nacht verbrachte ich auf dem Sopha im Salon sitzend, eine andere auf dem in unserer Cajüte, auch auf der Erde, auf Stühlen, kurz, in allerhand Variationen. – Die Bewegung des Schiffes war fortdauernd derart, daß die Teller beim Mittagessen von einer Seite des Rahmens, der um den Tisch herumgelegt war, nach der andern flogen, und keine Flasche auf dem Tische stehen konnte; vor der offenen Seite der Betten wurden Bretter befestigt, um zu verhindern, daß man hinausgeschleudert wurde.

„Um würdig zu vollenden“ wurden wir anderthalb Tage vor Plymouth wieder von unserm alten Freunde, dem Nebel, überfallen. Die Pfeife ertönte jede Minute, und wegen der Nähe des Canals mußte ganz langsam gefahren werden. Der Zustand war sehr bedrückend.

Mitten in der darauf folgenden Nacht wurde die Maschine plötzlich angehalten: wir befanden uns vor Silly-Islands (westlich von England), auf die wir beinahe aufgelaufen wären, hätte sich nicht eine Minute vor dem verhängnißvollen Momente der Nebel für einen Augenblick getheilt, und der Capitain, der die ganze Nacht auf der Brücke war, das Schiff mit Einem Ruck zum Stillstande gebracht. – Am nächsten Tage gegen Mittag meinte Ehlers, wir müßten uns in der Nähe von Plymouth befinden; er ließ demgemäß das Schiff still liegen, und warten, bis sich der Nebel verziehen würde. Man konnte nicht die Hand vor den Augen sehen, und seit anderthalb Tagen hatte keine Observation gemacht werden können, so daß wir ebenso gut in Buxtehude sein konnten.

Drei Stunden hielten wir unbeweglich; die fog-Pfeife tönte unaufhörlich, und als wir uns um Mittag versammelten, war nicht Einer, der ein Wort sprach.

Plötzlich stürzt ein Steward herein: „Es hat sich aufgeklärt!“ Alles, wie natürlich, mit Einem Sprung auf Deck, und vor uns lag, mein guter Bekannter, der Leuchtthurm von Eddystone – wie gerufen. Jetzt ging es full speed; in vier Stunden liefen wir in Plymouth ein, verließen es wieder Abends halb 9 Uhr, und am nächsten Morgen um halb 7 begrüßten wir den Hafen von Cherbourg mit einem Böllerschuß und einem kräftigen

Hurray für „the old country!“

Anmerkungen

1 Die Scotia war ein Dampfschiff der britischen transatlantischen Schifffahrtsgesellschaft Samuel Cunards (Cunard Line), erbaut 1862, gesunken 1904.

2 Wahrscheinlich Captain C. H. Judkins.

3 Charles Dickens, der 1842 gemeinsam mit seiner Gattin eine Reise durch die Vereinigten Staaten unternahm, glaubte zunächst an einen Scherz, als er auf der „Britannia" statt des versprochenen „Salons" „dieses völlig unerträgliche, ganz trostlose, unselige Loch" vorfand. Siehe Charles Dickens: American Notes; London: Chapman & Hall 1842; Übersetzung: Aufzeichnungen aus Amerika; Nördlingen: Franz Greno 1987, hier S. 7–11.

4 Rund 6° C. Die Réaumur-Temperaturskala war im 19. Jahrhundert in Deutschland und Frankreich weit verbreitet, verlor aber mit der offiziellen Umstellung der Temperaturmessung auf °C 1901 ihre Bedeutung. Ein Grad Réaumur entspricht 1,25 Grad Celsius.

5 Wahrscheinlich Hermann Althoff.

6 Der Ausdruck geht auf das Theaterstück „Der politische Kannegießer" des dänischen Autors Ludvig Holberg (Uraufführung 1722 in Kopenhagen) zurück und bezeichnet leeres und albernes Geschwätz über Politik.

7 Vermutlich Wheeler H. Bristol.

8 Das seit 1779 ausgetragene Epsom Derby gilt als das britische Pferderennen mit dem höchsten Prestige.

9 Das von dem Musiker Patrick Gilmore organisierte Friedensfest (National Peace Jubilee) fand 1869 einmalig in Boston statt.

10 Felix Mendelssohn Bartholdy.

11 Siehe Anm. 5.

12 Parker House in Boston / Massachusetts wurde 1855 von Harvey D. Parker eröffnet und ist das älteste der vornehmsten Hotels der Stadt. Es war Treffpunkt des 1855 gegründeten Boston Saturday Club, der literarische Größen wie Ralph Waldo Emerson, Henry Wadsworth Longfellow, Henry David Thoreau und Nathaniel Hawthorn vereinigte. John F. Kennedy verkündete 1946 seine Kandidatur für den Kongreß im Presseraum

des Hotels. Außerdem gilt das Haus als Ursprungsort der Parker House Roll, eines Hefegebäcks, und des Boston Cream Pie, einer Art Schokoladenkuchen, deren Rezepte aus dem 19. Jahrhundert stammen.

13 Baring Brothers & Co. war eine Londoner Investmentbank.

14 Siehe Anm. 9.

15 Felix Mendelssohn Bartholdy.

16 Die Musik zur romantischen Oper „Der Freischütz" stammt von Carl Maria von Weber. Die Oper wurde 1821 im Königlichen Schauspielhaus Berlin uraufgeführt.

17 Die Konzerte der Liebig'schen Kapelle unter der Leitung des Oboisten und Direktors des Musikkorps des preußischen Alexander-Regiments Karl Liebig (1808–1872) veranstaltete seit 1843 an wechselnden Orten in Berlin Orchesterkonzerte mit Ouvertüren und Symphonien.

18 Das Exchange Hotel in Richmond/Virginia wurde von Isaiah Rogers in neoklassischem Stil entworfen und 1841 eröffnet. Wegen seiner gigantischen Ausmaße und seiner multifunktionalen Konzeption bekam es die Bezeichnung „The Lion of the Day". Es enthielt Hotel, Postamt, Leseräume, Bäder und Geschäfte.

19 Im Sommer 1868 durchreiste Ernst Mendelssohn-Bartholdy Schottland.

20 Alexander Mendelssohn bewohnte das Haus Jägerstraße 52.

21 Die „Schlacht von Bunker Hill" fand am 17. Juni 1775 am Anfang des US-amerikanischen Unabhängigkeitskrieges statt und endete mit einem sehr verlustreichen Sieg der Briten.

22 Das Longfellow-Haus in Cambridge/Massachusetts diente George Washington als erstes Hauptquartier der Armee der antibritischen Aufständischen.

23 Die Eltern Ernst Mendelssohn-Bartholdys besaßen ein Sommerhaus in Charlottenburg bei Berlin, Lützowstraße 2.

24 Ernst Mendelssohn-Bartholdy bezieht sich hier auf das 1839 gegründete Berliner Bekleidungskaufhaus Herrmann Gerson, das vor allem für seine innovative Damenmode bekannt („Maison de nouveautés") und 1869 Hoflieferant des preußischen, russischen, britischen und schwedisch-norwegischen Königshauses war.

25 Das Kaufhaus Herrmann Gerson stand am Werderschen Markt 5.

26 Vermutlich Karl Mendelssohn Bartholdy.

27 Rund 34° C.

28 Edward Virginius Valentine.

29 Henry Horatio Wells.
30 Siehe Anm. 28.
31 Ernst Westphal.
32 Rund 44 bzw. 38° C.
33 Siehe Anm. 28.
34 Wahrscheinlich Elizabeth Valentine, geb. Mosby.
35 Das Continental in Philadelphia / Pennsylvania war eines der vornehmsten Hotels in den USA. 1860 im italienischen Stil eröffnet, besaß es bereits einen Fahrstuhl und konnte 1000 Gäste in 700 Zimmern beherbergen. Am 21. Februar 1861 erhielt Präsident Abraham Lincoln hier von Allan Pinkerton und Frederick W. Seward die Nachricht über ein in Baltimore auf ihn geplantes Attentat.
36 Rund 44° C.
37 Siehe Anm. 34.
38 Wahrscheinlich Mann S. Valentine jr.
39 Wahrscheinlich Hugo von Krause.
40 Siehe Anm. 39.
41 Vermutlich Frederick Tracy Dent.
42 Das Cataract House in Niagara Falls / New York wurde 1825 von David Chapman als dreistöckiges Blockhaus erbaut. Es gehörte ursprünglich dem Richter Samuel DeVeaux, befand sich am Flußufer, war das größte Hotel am Ort und wurde unter wechselnden Besitzern mehrfach umgebaut. Am 14. Oktober 1945 brannte es vollständig nieder.
43 Wahrscheinlich Rudolf Schelske.
44 Alexander Mendelssohn.
45 Wahrscheinlich Hugo Oppenheim.
46 Robert Barth
47 Offensichtlich frei zitiert nach dem „Sonnengesang“ Franz von Assisis.
48 Vermutlich Isaak F. Willcox und seine Frau Mary Bell, geborene Caster, die am 18. März 1869 in Henderson County geheiratet hatten.
49 Felix Mendelssohn Bartholdy.
50 Paul Mendelssohn-Bartholdy.
51 Sebastian Hensel.
52 Wilhelm Hensel.
53 Die von der Heydts waren eine Bankiersfamilie in Elberfeld.
54 Das Girard College wurde 1848 eröffnet und existiert bis heute.

55 Der größte Tempel in Paestum in Süditalien stammt aus der Zeit um 540 v. Chr. und ist der Hera geweiht.

56 Das palastartige Southern Hotel in St. Louis / Missouri wurde 1866 im italienischen Stil erbaut, lag zwischen Fourth und Walnut Street, besaß sechs Stockwerke und 350 Zimmer und wurde von Mark Twain wegen seiner wunderbaren Billardtische favorisiert. 1877 brannte es vollständig nieder, wurde 1881 wiedereröffnet, 1912 endgültig geschlossen und 1933 abgerissen.

57 Die deutschsprachige Zeitung „Westliche Post" wurde 1857–1938 in St. Louis herausgegeben. Zu ihren Mitarbeitern gehörte 1868–1873 Joseph Pulitzer.

58 Der Zeitungsredakteur Conrad Bolz war ein Charakter des Dramas „Die Journalisten" von Gustav Freytag.

59 Das Galt House, zu Beginn des 19. Jahrhunderts im Besitz von W. C. Galt, galt als vornehmstes Hotel in Louisville. 1865 wurde es durch ein Feuer zerstört und 1869 als teurer Prachtbau mit großem Ballsaal wiedereröffnet. Prominente Gäste waren Stephen Douglas, Edwin Booth, Charles Dickens, P. T. Barnum, Tom Thumb, die US Präsidenten Zachary Taylor, James Buchanan, Abraham Lincoln, Ulysses S. Grant und Rutherford B. Hayes sowie der Südstaaten-Präsident Jefferson Davis. 1864 planten die Nordstaaten-Generale Ulysses S. Grant und William T. Sherman ihre militärische Strategie im Galt House.

60 Robert Barth

61 Das Metropolitan Hotel in Omaha / Nebraska war eines der zahlreichen Hotels, die es in der seit 1863 schnell wachsenden Stadt gab. Die Wahl des Hauses war eine Notlösung: „Hier ist es so voll, daß wir in dem Hôtel, wo wir logiren wollten, kein Zimmer mehr bekamen." Welches Hotel den ursprünglichen Plan betraf, ist nur zu vermuten, wahrscheinlich wäre es das Grand Central Hotel gewesen.

62 Das Townsend House in Salt Lake City / Utah wurde 1860 erbaut, war um 1869 eines der ersten Hotels der Stadt und wurde gegen Ende des 19. Jahrhunderts abgerissen.

63 Marcel Jozon

64 Rund 1808 m. Ein Fuß entspricht ungefähr 30 cm.

65 Der Eddystone-Leuchtturm steht 14 Kilometer vor der englischen Küste von Cornwall.

66 Felix Mendelssohn Bartholdy.

67 Der Heilige Stephan war einer der ersten christlichen Märtyrer, die Heilige Leocadia eine christliche Märtyrerin des 4. Jahrhunderts. Der Hintergrund der Anspielung ist unklar.

68 Das Occidental Hotel in San Francisco / Kalifornien wurde als vierstökkiges Hotel im italienischen Stil in den Jahren 1861 bis 1869 von den Architekten C. Hyatt, Th. Johnston und W. Mooser erbaut. Es befand sich in der Montgomery Street zwischen Sutter Street und Bush Street, war eines der drei größten und vornehmsten Hotels der Stadt und wurde während des großen Erdbebens von 1906 zerstört.

69 Alexis de Tocqueville: De la démocratie en Amérique; Bruxelles: Hauman/Société Belge de Librairie 1835/1840.

70 Möglicherweise handelt es sich um Merkur. Allgemeines Ankündigungsblatt für Handel und Gewerbe, München: Schreiber 1867/68–1868/69.

71 35° C.

72 Rund 48–53° C.

73 Felix Mendelssohn Bartholdy.

74 Clark's Station wurde nach Galen Clark benannt.

75 Der Legende nach wurde der Mainzer Erzbischof Hatto I. oder Hatto II. (9./10. Jh.) als Strafe für seine Hartherzigkeit gegenüber der hungernden Bevölkerung von Mäusen aufgefressen.

76 Das 1868 in Kraft getretene „Burlingame Treaty", ein Abkommen über freundschaftliche Beziehungen zwischen den USA und China, begünstigte die chinesische Einwanderung in die Vereinigten Staaten und behob den Arbeitskräftemangel an der Westküste. Nach der Fertigstellung der transkontinentalen Eisenbahn, an der chinesische Arbeiter maßgeblich beteiligt waren, wurden diese auf dem Arbeitsmarkt eine große Konkurrenz für die übrigen Immigranten, was zu antichinesischen Ressentiments, in den 1870er Jahren zu offenen Ausschreitungen in kalifornischen Städten und 1882 zum „Chinese Exclusion Act" führte, der die chinesische Einwanderung für Jahrzehnte unterband. Siehe Charles J. McClain: In search of equality. The Chinese struggle against discrimination in nineteenth century America; Berkeley u. a.: University of California Press 1994.

77 Das Tremont House in Chicago / Illinois war der Nachfolgebau des ersten, im neoklassizistischen Stil gehaltenen Chicagoer Tremont House und wurde 1850 erbaut. In der Zeit der umfangreichen Häuserversetzungen in Chicago in der Mitte des 19. Jahrhunderts war es das größte Gebäude der Stadt und beherbergte unter anderem die Zentrale der Republikanischen Partei während des Republikanischen Nationalkonvents. 1871, während des großen Feuers in Chicago, wurde das Gebäude zerstört.

78 Addison C. Gibbs.

79 Franz Arnold Hoffmann.

80 Das Saint Lawrence Hall Hotel in Montreal/Canada wurde 1851 eröffnet, befand sich an der Great Saint James Street 13 und galt als das führende Hotel der Stadt. Zeitweise hatte die Zentrale der Grand Trunk Railway, dem führenden kanadischen Eisenbahnunternehmen, hier ihren Sitz. Zu den prominente Gäste gehörten der Prince of Wales, Charles Dickens und George Brown.

Personenverzeichnis

Im folgenden sind jene in der Reisebeschreibung genannten Personen aufgeführt, die identifiziert werden konnten.

ALTHOFF, Hermann (1835–1877), Augen- und Wundarzt, kam 1845 in die USA, kehrte zum Medizinstudium nach Deutschland zurück, wurde 1858 in Berlin promoviert, wechselte anschließend noch mehrfach zwischen Deutschland und den USA, gehörte zu den Gründern der New York Ophthalmological Society und wurde zweimal zu ihrem Vorsitzenden gewählt. 24

BARTH, Robert (* 1815), geboren und aufgewachsen in Preußen, 1839 Übersiedlung nach St. Louis, dort Teilhaber des Bankhauses Angelrodt & Barth, Eisenbahndirektor, Direktor der Perpetual Insurance Company (seit 1843) und der Phoenix Floating-Dock Company, Präsident der German Savings Association, Konsul Preußens, ab 1868 des norddeutschen Bundes, ab 1871 des Deutschen Reiches. 53, 67

BATES, Joshua (1788–1864), ab 1828 *Senior partner* von Baring Brothers & Co. 30

BRISTOL, Wheeler H. (1818–1904), Ingenieur, Politiker der demokratischen Partei, 1868–1871 Schatzmeister des Staates New York. In der 1869er Wahl wurde er im Amt bestätigt, unterlag aber 1871 seinem republikanischen Herausforderer. 24

BUTTERFIELD, Daniel (1831–1901), Geschäftsmann, US-General der Nordstaaten während des Bürgerkriegs, ab 1869 Assistent Treasurer of the US, als welcher er in einen Bestechungskandal verwickelt war, der am 24. September 1869 zum Zusammenbruch des Goldpreises (*Black Friday*) und zum Rücktritt von Butterfield führte. 126

CLARK, Galen (1814–1910), Betreiber eines kleinen Hotels und Führer durch das Yosemite Tal, der Bücher verfaßte: *The big Trees of California* (1907), *Indians of the Yosemite Valley and Vicinity* (1904) und *The Yosemite Valley* (1910). 105

COLE, Nathan (1825–1904), Republikaner, hatte das Amt des Bürgermeisters von St. Louis vom 13. April 1869 bis 1871 inne. 88

COULTER, George W., gründete 1850 die Siedlung Maxwell's Creek in der Mitte von Californien, die 1872 offiziell in Coulterville umbenannt wurde. 102

Heiligen vom jüngsten Tage. Von ihrer Entstehung bis auf die Gegenwart (1874) und *Die Prairien des amerikanischen Westens* (1876). 107

SCHURZ, Karl (1829–1906), aktiver Teilnehmer der Märzrevolution 1848 und der badischen Revolutionsarmee 1849, im gleichen Jahr Flucht aus der Festung Raststatt nach Frankreich, im Sommer 1850 heimliche Reise nach Berlin und Teilnahme an der Befreiung Gottfried Kinkels aus der Festung Spandau, 1852 Übersiedlung in die USA, führender Politiker der Republikaner, ab 1867 Miteigentümer und Redakteur der Zeitung *Westliche Post* in St. Louis, 1869–1876 Senator von Missouri. 63, 80

SUMNER, Charles (1811–1874), amerikanischer Politiker, erbitterter Gegner der Sklaverei, zunächst Unterstützer Ulysses S. Grants, später dessen Gegner auf Grund zahlreicher Korruptionsskandale. 53

THOMAS, Theodore (1835–1905), Violinist und Dirigent, geboren im ostfriesischen Esens, 1845 in die USA ausgewandert, gab seit 1864 mit eigenem Orchester Sommerkonzerte unter anderem im New Yorker Central Park; zudem auch Direktor der New Yorker Philharmonie, erster Direktor des Chicago Symphony Orchestra; machte Richard Wagner in den USA populär. 31

TIFFANY, Otis Henry (1825–1891), Methodisten-Prediger und Aktivist der American Party („Know nothing" movement) in Pennsylvania, zu deren Forderungen unter anderem eine restriktive Einwanderungspolitik und antikatholische Maßnahmen gehörten. 88

TRAIN, George Francis (1829–1904), exzentrischer Geschäftsmann, Publizist und Weltreisender. 113

VALENTINE, Edward Virginius (1838–1930), Bildhauer, hatte in Paris, Italien sowie einige Jahre bis 1865 bei dem Bildhauer August Kiß (1802–1865) in Berlin studiert. 40 f., 44–46

VALENTINE, Elizabeth, geb. Mosby. 44 f.

VALENTINE, Mann S. jr., Gründer des Valentine Museum in Richmond. 46

WELLS, Henry Horatio (1823–1890), Rechtsanwalt, Mitglied der Republikaner, 1868–1869 Gouverneur von Virginia. 41

WESTPHAL, Ernst, Jurist und Eisenbahndirektor, Cousin Ernst Mendelssohn-Bartholdys. passim

YOUNG, Brigham (1801–1877), seit 1830 Mitglied der Mormonen, wurde 1844 nach dem gewaltsamen Tod des Sektengründers Joseph Smith jr. neuer Präsident der Glaubensgemeinschaft und seitdem von ihr als „2. Prophet" angesehen. 77 f., 80–87

Sebastian Panwitz

Ein Mendelssohn in Amerika

Die Reise Ernst Mendelssohn-Bartholdys durch die USA 1869

Als der 22 Jahre junge angehende Bankier Ernst Mendelssohn-Bartholdy im Juni 1869 zu einer Reise in die USA aufbrach, hatte das nordamerikanische Land noch nicht die Faszinationskraft unter dem deutschen Wirtschafts- und Bildungsbürgertum wie einige Jahrzehnte später, als es als „Land der unbegrenzten Möglichkeiten" alle Aufmerksamkeit auf sich zog. Die USA, in welche Ernst Mendelssohn-Bartholdy reiste, waren eher das „Land der unbekannten Möglichkeiten", nur knapp vier Jahre nach dem Ende des verheerenden Bürgerkriegs, mitten in der Zeit des „Wilden Westens" und der Auseinandersetzungen mit den Ureinwohnern.

Ernst Mendelssohn-Bartholdy wurde am 13. Dezember 1846 in Berlin geboren. Er entstammte der bekannten Berliner Mendelssohn-Familie. Sein Vater Paul Mendelssohn-Bartholdy (1812–1874) war Teilhaber des Privatbankhauses Mendelssohn & Co., Enkel des Kaufmanns und Philosophen Moses Mendelssohn sowie Bruder der Komponistengeschwister Fanny Hensel und Felix Mendelssohn Bartholdy.[1] Seine Mutter Albertine (1814–1879) war Tochter des Bankiers Heinrich Carl Heine und der Henriette Mertens. Beide Eltern waren vom Judentum zum Protestantismus konvertiert. Über die Kindheit und Jugend Ernst Mendelssohn-Bartholdys und seiner vier Geschwister ist wenig bekannt. Nach dem Schulabschluß 1865 studierte Ernst Mendelssohn-Bartholdy ein Jahr lang auf der Universität und ging anschließend ins Ausland. Den Sommerurlaub 1868 verbrachte er in Schottland, anschließend durchlief er bis Mai 1869 ein Praktikum in London. Am 13. Februar 1869 schrieb er an seinen Cousin Karl Mendelssohn Bartholdy, als er die Einladung zu dessen Hochzeit bekommen hatte:

---

1 Zur Person Paul Mendelssohn-Bartholdys siehe Joachim von Elbe: Paul Mendelssohn-Bartholdy (1812–1874); in: Die Mendelssohns in Berlin. Eine Familie und ihre Stadt (= Staatsbibliothek PK Ausstellungskataloge, Bd. 20), Berlin 1983, S. 43–54.

Ernst Westphal

> Aber, lieber Freund, es geht nicht; ich denke England schon im Mai zu verlassen (wohin? darüber stehe ich eben in Korrespondenz mit Papa), und so muß ich suchen, die verhältnismäßig nur noch kurze Zeit hier wenigstens ohne Unterbrechung auszunutzen, und mich darauf beschränken, mir die am 6. März in Mannheim herrschende Freude zu denken und Dir und Deiner Braut ebenso nur in Gedanken Glück zu wünschen, was ich so gern, mit einem ordentlichen Händedruck begleitet, von Angesicht zu Angesicht gethan hätte.[2]

Das Reiseziel stand demnach zu jenem Zeitpunkt noch nicht fest. Die Entscheidung muß bald darauf gefallen sein. Am 30. Mai erfolgte die Abfahrt von der Westküste Europas, und zuvor mußte nicht nur die Zustimmung des Vaters errungen werden. Umfangreiche Vorbereitungen waren vor einer solchen Reise zu treffen: Finanzfragen zu regeln, Empfehlungsschreiben einzuholen, das Gepäck vorzubereiten, die Details der Route zu planen.

Der Reisegefährte Ernst Mendelssohn-Bartholdys war sein Namens- und leiblicher Vetter Ernst Westphal, ein Sohn des Arztes Otto Westphal und der Caroline Heine, einer Schwester der oben erwähnten Albertine Mendelssohn-Bartholdy, die ebenfalls jüdisch geboren worden und zum evangelischen Glauben konvertiert war. Ein Bruder Ernst Westphals, der Psychiater Carl Westphal (1833–1890),[3] hatte bereits 1862 Clara Mendelssohn (1840–1927), die jüngste Tochter des Seniorchefs von Mendelssohn & Co., Alexander Mendelssohn (1798–1871), geheiratet. Ernst Westphal hatte vor der USA-Reise ein Jurastudium absolviert und eine Laufbahn im Staatsdienst als Richter am Stadtgericht Berlin begonnen, die er nun für ein halbes Jahr unterbrach.
Im Buch tritt diese wichtigste Bezugsperson während der Reise nur ganz selten und kurz in Erscheinung. Eine dieser wenigen, aber durchaus charakteristischen Stellen ist die Landung in New York, als der junge Jurist Ernst Westphal durch seine Weigerung, den Zollbeamten zu bestechen, die Ankunft auf dem Festland um einige Stunden verzögerte.

---

2 Ernst Mendelssohn-Bartholdy an Karl Mendelssohn Bartholdy, 13. 02. 1869. Staatsbibliothek Berlin PK, Mendelssohn-Archiv (SBB PK, MA), Nachl. 1, 2, Nr. 35.

3 Zu Carl Westphal siehe u. a. G. Korn: Karl Westphal; in: Allgemeine Deutsche Biographie 42 (1897), S. 204f.

Seinen Reisebericht stellte Ernst Mendelssohn-Bartholdy auf der Grundlage seiner Briefe an die Eltern wenige Monate nach seiner Rückkehr zusammen, ließ ihn „als Manuscript", also auf eigene Kosten und nicht zum Verkauf bestimmt, bei der Leipziger Firma Metzger & Wittig drucken und verteilte ihn an Verwandte und Freunde. Am 27. November des folgenden Jahres fragte er bei seinem Cousin Karl Mendelssohn Bartholdy nach:

> Ich habe lange nichts von Dir gehört; indessen sage ich dies wirklich nicht aus Vorwurf! Nur möchte ich wissen, ob Dir seiner Zeit meine amerikanischen Briefe richtig zu Händen gekommen sind, und zwar aus dem Grunde, um Dir, wenn sich die Sendung etwa verirrt haben sollte, ein anderes Exemplar zu schicken. Du würdest Dich sonst am Ende mit Recht wundern, wenn Du hörst, daß ich die Briefe den übrigen Freunden geschickt habe, und Dir nicht.[4]

Da der Reisebericht seinerzeit nicht öffentlich zugänglich war, ist er heute weltweit nur noch in ganz wenigen Bibliotheken zu finden. Wenn man diesen Privatdruck mit literarischen, für ein allgemeines Publikum gedruckten Berichten europäischer USA-Reisender vergleicht, die bestimmte Schwerpunkte setzten, sich z. B. der politischen Verfassung[5], den sozialen Zuständen[6] oder der wirtschaftlichen Struktur[7] zuwenden und diese Punkte systematisch und tiefgehend untersuchen, wird der Unterschied zu diesen Texten sehr deutlich. Der Bericht bleibt leicht, von der Faszination des Augenblicks getragen, eher von detaillierter Beschreibung als von Analysen geprägt, und steht weniger in der Tradition der großen Reiseliteraten des 19. Jahrhunderts als in der der

---

4 Ernst Mendelssohn-Bartholdy an Karl Mendelssohn Bartholdy, 27. 11. 1870. SBB PK, MA, Nachl. 1, 3, Nr. 382.

5 Das bekannteste Beispiel ist Alexis de Tocqueville: De la démocratie en Amérique, 2 Bände, Paris 1835/1840.

6 Das ist ein Schwerpunkt bei Charles Dickens: American notes; London: Chapman & Hall 1842, sowie bei Henryk Sienkiewicz: Listy z podróży do Ameryki; 1878 (deutsch: Briefe aus Amerika).

7 Zum Beispiel bei Ludwig Max Goldberger: Das Land der unbegrenzten Möglichkeiten. Beobachtungen über das Wirtschaftsleben der Vereinigten Staaten von Amerika; Berlin u. a. 1903.

Mendelssohnschen Reisebriefe.[8] Mendelssohn-Bartholdy spürte diese Grenzen seiner Beschreibungen durchaus selbst.

> Ich kann und will mich überhaupt auf keine allzugenaue Schilderung derselben einlassen; dazu muß man mehr Studien, und gründlichere, machen, als wir es in den 4 Monaten können; ein „flüchtiges Wort" aber, welches diesen Gegenstand berührt, wird Euch vielleicht nicht unangenehm sein.[9]

Er schrieb seine Briefe nicht in Ruhe und nach reiflicher Überlegung, sondern „flüchtig und in gehetzter Eile", und bezeichnete sie selbst als „kaum lesbares Gekritzel". Auch die Subjektivität der Schilderungen war ihm bewußt.

> [...] ich fürchte, daß ich mich häufig bei subjectiven Aeußerungen verrenne. [...] Ihr wißt, daß es meine Freude und mein Bestreben ist, Euch möglichst schnell und unmittelbar Eindrükke, die Scenerien und Landschaften auf mich gemacht haben, zu melden. Ebenso geht es mir mit den Eindrücken von neuen Verhältnissen und Zuständen. Ich habe also nicht Zeit, sie zu studiren und zu verfolgen, sondern trage sie gewissermaßen prima vista vor. Ob sie nun richtig oder falsch waren, ist ebenso abwechselnd und zufällig, wie immer im Leben. Manchmal springt mir etwas, wenige Stunden nachdem ich es niedergeschrieben, als Irrthum in die Augen. Aber eine Verbesserung hinterher zu setzen, ist zu weitläufig und deshalb mißlich. Häufig macht es mir selbst Spaß, zu bemerken, daß ich erst ganz allmählig das Richtige herausfinde, und mich in dem Character der Personen und Dinge gewissermaßen orientire [...].[10]

---

8 Am bekanntesten sind wohl die Reisebriefe des Komponisten Felix Mendelssohn Bartholdy, die ab 1861 in verschiedenen Bänden wiederholt publiziert wurden. Siehe u. a. Reisebriefe von Felix Mendelssohn Bartholdy aus den Jahren 1830–1832, hg. von Paul Mendelssohn-Bartholdy; Leipzig: Hermann Mendelssohn 1861.

9 Reisebrief vom 8. Juli 1869.

10 Reisebrief vom 27. Juli 1869.

Diese Spontaneität und Frische tragen nicht unwesentlich zum Reiz des Briefberichtes bei.

Trotz des sehr eingeschränkten Leserkreises überarbeitete Mendelssohn-Bartholdy seine Briefe deutlich, bevor er sie drucken ließ. So anonymisierte er eine große Zahl der darin vorkommenden Personen. „Onkel" für Felix Mendelssohn Bartholdy, „Karl" für dessen ältesten Sohn und „Onkel A." für den Bankier Alexander Mendelssohn waren durchaus noch für den damaligen Familienkreis verständlich. Die Biographie des Lehrers, Predigers, Publizisten, Juristen und Bankiers Franz Arnold Hoffmann schildert er ausführlich genug, um auf die Identität des Genannten zu schließen. Bei Personen wie „H. und M.", „Professor von H." oder „B." hingegen sind die Hinweise zu schwach, um sie zuordnen zu können.

Das Interesse der Europäer an den USA war 1869 noch vergleichsweise schwach ausgeprägt. Waren der Unabhängigkeitskrieg und die Gründungsphase in den 1770/80er Jahren noch sehr aufmerksam vom alten Kontinent aus beobachtet und ausführlich diskutiert worden, so war diese Aufmerksamkeit mit dem Beginn der französischen Revolution erloschen. Von nun an konzentrierte man sich auf die innereuropäischen Konflikte, die napoleonische Aggression, den Umbau der Staaten und des Staatensystems, den Folgen der Industrialisierung. Die USA wurden von den europäischen Eliten als wenig interessanter Staat ohne Tradition und Kultur mit Herablassung behandelt. Daß sie gleichzeitig von großen Teilen der ärmeren Schichten Europas als Land der Hoffnung und Gleichheit betrachtet und zum Hauptziel der Auswanderung wurden, trug in den Augen der Oberschichten nicht zu ihrem Ruf bei.[11] Ernst Mendelssohn-Bartholdy spricht seine Abneigung gegenüber der republikanischen Verfaßtheit ganz offen aus.

> Ich muß gestehen, mir wenigstens wäre der Aufenthalt, für längere Zeit oder immer, in irgend einer amerikanischen Stadt des Westens geradezu fürchterlich, und so gut wie unmöglich. Der Grund davon liegt auch in der republikanischen Verfassung, vor der ich jetzt, da ich sie im großartigen Maßstabe vor mir in Wirksamkeit sehe, mehr Abneigung bekomme, als bisher schon durch Lectüre, und in den kommunistischen Ten-

---

11 Manfred Henningsen: Der Mythos Amerika; Frankfurt (Main): Eichborn, S. 18–22.

> denzen, die sich selbstverständlich in Republiken breiter machen können, als in Monarchien. – Erträglich ist mir noch die politische Gleichheit aller Stände, aber unerträglich das Coquettiren mit socialer Gleichheit, an deren Realität doch nur ein Schwärmer glauben kann.[12]

Die Skepsis gegenüber der Erreichbarkeit wirklicher sozialer Gleichheit war, wie sich aus heutiger Perspektive sagen läßt, durchaus angebracht. Allerdings zeigte sich hier auch schon die grundkonservative Veranlagung des Bismarck-Bewunderers und späteren Beraters Wilhelms II. Fünfzehn Jahre später demonstrierte Ernst Mendelssohn-Bartholdy, daß er nicht nur mit der republikanischen Staatsform, sondern auch mit den Mechanismen der parlamentarischen Demokratie seine Schwierigkeiten hatte. Der Deutsche Reichstag hatte zu jener Zeit vergleichsweise wenige Rechte, zu denen aber die Entscheidung über den Staatsetat gehörte. Am 15. Dezember 1884 widersetzte sich das Parlament dem Antrag des Reichskanzlers und Außenministers Otto von Bismarck, eine Stelle für einen zweiten Direktor des Auswärtigen Amtes zu schaffen. Schon am folgenden Tag fragte Ernst Mendelssohn-Bartholdy bei dem engen Bismarck-Mitarbeiter Franz von Rottenburg nach:

> Würde es möglich sein, daß der Fürst jene Stelle creiren könnte, trotz der Abstimmung im Reichstag, wenn die Mittel zur Besoldung (ich glaube, es waren jährlich 20000 M.) für eine Reihe von Jahren – vielleicht 3–5 – ihm von anderer Seite zur Verfügung gestellt werden? Sind Sie in der Lage, diese Frage bejahend zu beantworten, so erlaube ich mir, hiermit den erforderlichen Betrag anzubieten und zwar selbstverständlich zur sofortigen Auszahlung für die gewünschte Zeitdauer.[13]

Am 24. Dezember versicherte Mendelssohn-Bartholdy in einem zweiten Schreiben, diesmal direkt an den Kanzler, diesen seiner „Begeisterung, Hingebung und Liebe“, die von jemandem komme, „der Ihnen ‚getreu bis in den Tod ist‘!“[14]

---

12 Reisebrief vom 8. Juli 1869.

13 Ernst Mendelssohn-Bartholdy an Franz von Rottenburg, 16. 12. 1884. SBB PK, MA, Nachl. 16, 13.

14 Ernst Mendelssohn-Bartholdy an Otto von Bismarck, 24. 12. 1884. SBB PK, MA, Nachl. 16, 13.

Neben der konservativen Grundeinstellung werden im Reisebericht auch andere Charaktereigenschaften des jungen Ernst Mendelssohn-Bartholdy deutlich. Flexibilität, Neugier und Unternehmungslust paarten sich mit bedachter Prüfung und Abwägung der Folgen eigener Entscheidungen, zum Beispiel wenn es darum ging, die Reiseroute zu ändern und entlegenere Ziele in den Plan aufzunehmen. Und es zeigte sich schon 1869, in jungen Jahren, die Empfänglichkeit des Autors für Auszeichnungen, unter anderem anläßlich der Audienz beim US-Präsidenten Ulysses Grant:

> **Wie findet Ihr, daß wir vor den sämmtlichen Uebrigen vorgelassen worden? Von Allen wurden wir mit ärgerlicher Neugierde wegen dieser Auszeichnung bedacht.**[15]

Am Ende seines Lebens sollte Ernst – dann schon: von – Mendelssohn-Bartholdy neben etlichen Titeln die für Bankiers einmalige Zahl von 18 in- und ausländischen Orden gesammelt haben.

An vielen Stellen seiner Reisebriefe, an denen Ernst Mendelssohn-Bartholdy bestimmte kulturelle Normen des amerikanischen Alltags beschreibt, werden gleichzeitig seine eigenen Sitten, Traditionen und Wertmaßstäbe und die der ihn umgebenden europäischen Oberschicht sichtbar, weil er sie wiederholt, explizit oder indirekt zum Vergleich heranzieht. Sehr deutlich wird das zum Beispiel in der Beschreibung der Verhaltensweise junger Damen:

> **Da ich einmal von den Damen spreche, so will ich gleich erwähnen, daß diese eine Stellung einnehmen, welche wenig mit unsern europäischen Begriffen übereinstimmt. Man kann sagen, hier wird ein Herr von einer Dame chaperonirt, und nicht umgekehrt, wie es bei uns ist.**[16]

Auch Ernst Mendelssohn-Bartholdys Blick auf die schwarzen Bewohner der USA war typisch für viele Europäer. Die Situation struktureller Ungleichheit, in der sie sich befanden, wurde registriert, die Kultur der Schwarzen aber überhaupt nicht beachtet – eine Sichtweise, der noch ein Großteil der europä-

---

15 Reisebrief vom 24. Juni 1869.

16 Reisebrief vom 11. Juni 1869.

ischen Emigranten der 1930er Jahre verhaftet blieb.[17] Mendelssohn-Bartholdy nahm die großen sozialen Unterschiede zwischen Schwarz und Weiß sowie die strikte Rassentrennung in allen Sphären des Alltags durchaus wahr und beschrieb sie in seinen Briefen. Sehr anschaulich berichtete er über seinen Aufenthalt in Richmond/Virginia, der ehemaligen Hauptstadt der Südstaaten. Er enthielt sich dabei jedes wertenden Urteils, machte aber deutlich, daß er keinerlei Berührungsängste kannte: „[...] mir machte es im Gegenteil Spaß, mit den Schwarzen zu verkehren."[18] Das bedeutete jedoch keinesfalls, daß er „Neger" als seinesgleichen sah.

> **Zum Dienen finde ich die Neger sehr brauchbar; sie thun freundlich und schnell, was man ihnen sagt, aber ohne zu *denken* – was bei Dienern vielleicht auch das Beste ist.**[19]

Die Bedienung durch Schwarze ist ihm „höchst angenehm; ich komme mir aber dann wieder vor, wie ein Plantagenbesitzer oder Sclavenzüchter." Und ein schwarzer Kutscher erklärt ihnen das Schlachtfeld bei Richmond[20] „fast wie ein Mensch, wie man in Sclavenstaaten zu sagen berechtigt sein sollte." Auch wenn man davon ausgehen kann, daß hier Mendelssohnsche Ironie mitschwang, wird doch die bei Angehörigen der europäischen Oberschicht übliche Sicht auf Schwarze sehr deutlich. Zwischen Europäern und Schwarzen – ob in Afrika und Amerika – bestand aus dieser Perspektive ein enormer Zivilisationsunterschied, der den Europäern das Recht gab, wenn nicht die Pflicht auferlegte, den Schwarzen gegenüber als kulturelle, wirtschaftliche und politische Vormünder aufzutreten.

Der Bankier Hugo Oppenheim (1847–1921)[21] war ab den 1880er Jahren stellvertretender Verwaltungsratsvorsitzender der Deutsch-Ostafrikanischen Gesellschaft (DOAG), der Organisation, die die Kolonialisierung Deutsch-Ostafrikas, des heutigen Tansanias, leitete.[22] An der Kapitalausstattung der DOAG betei-

---

17 Henningsen, Mythos, wie Anm. 11.

18 Reisebrief vom 24. Juni 1869.

19 Reisebrief vom 20. Juni 1869, der auch die folgenden Zitate enthält.

20 Die Eroberung Richmonds durch die Nordstaaten am 3. April 1869 zog die Kapitulation der Südstaaten-Armee unter Robert Edward Lee eine Woche später nach sich.

21 Zu Hugo Oppenheim siehe Landesarchiv Berlin (LAB), A Rep. 030, Tit. 94, Nr. 12081.

22 Zu dieser Organisation und Hugo Oppenheims Einbindung siehe Bundesarchiv (BArch), R 8124.

ligte sich Ernst Mendelssohn-Bartholdy persönlich mit der eindrucksvollen Summe von 100.000 Mark.[23] Zudem fand die DOAG wiederholt finanzielle Unterstützung bei Mendelssohn & Co. unter der Leitung Ernst Mendelssohn-Bartholdys.[24]

Vor dem Hintergrund dieser kulturellen Prägung verwundert es wenig, daß die Wahrnehmung der nordamerikanischen Ureinwohner, der Indianer, von großer Fremdheit und Distanz geprägt ist.

> Die Kerls sind die personificirte Wildheit, und der Ausdruck, mit dem sie Einen anstieren, ist der eines Thieres. Selbst wenn man sie anlächelt, ändern sie ihren Blick nicht. Daß sie, falls wir sie in der Wüste allein träfen, den Scalp nicht lange auf unsern Schädeln sitzen lassen würden, war uns allen Dreien unzweifelhaft. Sie haben den starren Blick, der die Eigenthümlichkeit der Verrückten sowohl, als der Wilden ist, und sind über und über mit grenzenlosen Schmutz bedeckt. [...] Ich kann in der That keine Worte finden, um die ungezähmte Wildheit und Bosheit, die aus den Augen der meisten dieser Indianer spricht, zu beschreiben. Ihre Sprache selbst ist wie das Grunzen oder Quieken von Thieren [...].[25]

Auf die Indianer traf Mendelssohn-Bartholdy in Salt Lake City/Utah, der „Hauptstadt der Mormonen". Die Mormonen befanden sich seit 1865 im erbitterten Krieg mit verschiedenen Indianerstämmen der Umgebung, in deren Lebensraum sich die Sekte seit ihrer Zuwanderung ab den 1840er Jahren immer stärker drängte. Die Mormonen, die unfähig waren, befreundete und verfeindete Indianerstämme auseinanderzuhalten, schlachteten wahllos Indianer ab, einschließlich der Frauen und Kinder. Nach diesen Erlebnissen ist die von Ernst Mendelssohn-Bartholdy in Utah erlebte Feindseligkeit der Indianer gegenüber allen Weißen sehr gut verständlich. Die Kämpfe hatten seit der Kapitulation einiger Stämme 1868 an Vehemenz verloren, dauerten aber noch bis

---

23 LAB, A Rep. 030, Tit. 94, Nr. 11792.

24 BArch, R 8124, Nr. 2, Bl. 115, Nr. 4, Bl. 37f.

25 Reisebrief vom 15. Juli 1869.

1872 an, bis sich die überlebenden Indianer in die neugeschaffenen Reservationen zurückzogen.[26]

Die dritte Gruppe Fremder, auf die Ernst Mendelssohn-Bartholdy traf, waren die Chinesen. Ihre Beschreibung fällt am positivsten aus. Ihr tritt er von Anfang an mit großem Interesse gegenüber, und in seiner Beschreibung ihrer Sitten, Siedlungen und Tätigkeiten häufen sich die positiven Adjektive: sauber, zierlich, berühmt, vortrefflich, gewissenhaft, originell. Ja, er spricht, wenn auch etwas herablassend, sogar von „meinen Freunden, den Chinesen"![27]

Der Beschreibung der ihn faszinierenden Mischung der Bevölkerungsgruppen widmet Ernst Mendelssohn-Bartholdy in seinen Briefen immer wieder große Aufmerksamkeit. Etwas Anderes hingegen fehlt völlig und stellt eine auffällige Leerstelle dar: Die Wirtschaft der USA wird weder beschrieben noch analysiert. Mendelssohn-Bartholdys Vater war Teilhaber einer der führenden deutschen Privatbanken. Man kann davon ausgehen, daß er dem Sohn, welcher wenige Jahre später Juniorpartner in dieser Bank werden sollte, die Reise nicht nur zu dessen Vergnügen und für kulturphilosophische Betrachtungen finanzierte. Möglicherweise war das Sammeln von Daten und persönlichen Eindrücken zum Wirtschaftsleben der USA und zu einem der führenden Branchen, den Eisenbahnunternehmen, sogar der Hauptzweck der Reise.
Die Möglichkeit, Anlage, Funktionsweise und Zuverlässigkeit der Eisenbahnen kennenzulernen, hatten Mendelssohn-Bartholdy und Westphal auf ihrer Reise zur Genüge. Mit wenigen Ausnahmen legten sie ihre gesamte Reise im Zug zurück. Entsprechend ausführlich beschrieb Ernst Mendelssohn-Bartholdy die verschiedenen Wagentypen und Personenklassen, die technischen Neuerungen und die Eigenheiten des Zugpersonals. Möglich war eine Eisenbahnreise von der Ost- zur Westküste überhaupt erst seit wenigen Monaten. 1865, nach dem Ende des US-Bürgerkrieges, hatten die Arbeiten an transkontinentalen Bahnverbindungen zwischen dem Pazifik und den dichter besiedelten Gebieten östlich der Rocky Mountains begonnen. Ihren Abschluß fanden sie

---

26 Zu den Vorgängen siehe John Alton Peterson: Utah's Black Hawk War; Salt Lake City: University of Utah Press 1998. Eine vollkommen andere Sicht auf die nordamerikanischen Ureinwohner, die allerdings auf sehr viel länger dauerndem und intensiverem Kontakt basierte, präsentierte Henryk Sienkiewicz ein Jahrzehnt später in seinen Briefen aus Amerika (siehe Anm. 6).

27 Reisebrief vom 22. August 1869.

am 10. Mai 1869 mit dem Zusammenschluß der Strecken der Union Pacific Railroad mit denen der Central Pacific Railroad am Promontory Summit bei Salt Lake City/Utah.[28] Nur zwei Monate später, im Juli, passierten die Reisenden aus Berlin diesen Punkt.

Schon in frühen Jahren hatten sich Mendelssohn & Co. an der Finanzierung des Baus und Betriebs von Eisenbahnen beteiligt. Besonders tritt hierbei die Mitbegründung der Berlin-Hamburger Eisenbahn-Gesellschaft AG 1841 mit einem Kapitalvolumen von 8.000.000 Reichstalern hervor. Seit 1801 war die Mendelssohn-Bank der Hansestadt nahe der Elbemündung wirtschaftlich verbunden, seit 1837 betrieb sie dort zudem unter dem Namen Paul Mendelssohn-Bartholdys, des Vaters Ernst Mendelssohn-Bartholdys, ein Tochterinstitut. Die Bauarbeiten an der Berlin-Hamburger Eisenbahn wurden 1844 begonnen, Ende 1846 konnte sie als damals längste Fernstrecke eingeweiht werden und entwickelte sich zu einem der rentabelsten Eisenbahnunternehmen in ganz Deutschland.[29] Hätte Ernst Mendelssohn-Bartholdy seine Reise durch die USA nicht für genaue Beobachtung und Datensammlung zum Finanzwesen und zur wirtschaftlichen Entwicklung der USA genutzt – er wäre nicht Teilhaber von Mendelssohn & Co. geworden.

Tatsächlich konnte er schon bald nach seiner Rückkehr seinen Verwandten Hinweise zur Einschätzung von US-Finanztiteln geben, so zum Beispiel am 5. November 1869 seinem Cousin Karl Mendelssohn Bartholdy:

> Hierbei möchte ich Dich gleich – auch als Antwort auf Deine dahingehende Frage – ersuchen, Gedanken an Geld-Anlagen in Amerikanischen Eisenbahnen ganz bei Seite zu lassen. – Ich kann Dir leider ein Zeitungs-Exemplar über die Pacific-Linie augenblicklich nicht senden, da sämtliche mir von der Redaktion übersandte schon lange von der hiesigen, wie Du weißt zahllosen, Familie in Beschlag genommen sind, suche aber noch nachträglich eins zu erhalten und werde es Dir dann zukommen lassen. Wenn Du den Artikel gelesen hast, so werde

28 Siehe Stephen E. Ambrose: Nothing like it in the world. The men who built the transcontinental railroad 1863–1869; New York: Simon & Schuster 2000.

29 Dietmar Ramuschkat: Die Eisenbahnlinie Wittenberge-Buchholz. Eine Fallstudie über Entscheidungs- und Handlungsabläufe bei der Planung einer Privatbahn in Preußen und dem zum Bau erforderlichen Grunderwerb (= Diss. phil. Univ. Hamburg 2002); Hamburg 2002, S. 8.

> ich gar nicht erst nöthig haben, Dir noch weiter abzurathen, Dich mit den American Railroads zu befassen. – Die in die Falle gegangenen Aktionäre werden auf das schimpflichste von den Direktoren der Gesellschaft ausgebeutet; Verwaltung und Beaufsichtigung ist jämmerlich; kurz – noli tangere. Was ich Dir hier sage, gilt von fast allen Bahnen der Vereinigten Staaten –, bei den einen mehr, bei den anderen weniger.[30]

Ernst Mendelssohn-Bartholdys Einschätzung eines wichtigen Segments der US-Wirtschaft, der Eisenbahnfirmen, war nach seiner Reise ausgesprochen negativ, ein Umstand, der bei der bloßen Lektüre des Reiseberichts nicht deutlich wird. Warum der Autor diesen Teil seiner Reiseeindrücke dem ausgewählten Publikum vorenthielt, ob er eingehende Erläuterungen für zu ermüdend hielt oder ob die Informationen von ihm und seinem Vater als wichtiges ideelles Geschäftskapital gesehen wurde, welches man nicht grundlos Personen außerhalb der Firma zur Verfügung stellte, muß offen bleiben.
Der Hintergrund für das eindeutig negative Urteil über die Eisenbahnunternehmen der USA durch Ernst Mendelssohn Bartholdy findet sich in einer anderen Schrift, welche gut dreißig Jahre später entstand. 1903 publiziertet der Wirtschaftslobbyist und ehemalige Bankier Ludwig Max Goldberger die Ergebnisse seiner Reise durch die USA.[31] Im Unterschied zu Mendelssohn-Bartholdy plante Goldberger von Anfang an, seinen Text sowohl der Regierung als auch der Fachöffentlichkeit zur Verfügung zu stellen. Und im Unterschied zu Mendelssohn-Bartholdy konzentrierte sich Goldberger im wesentlichen auf die Wirtschaft der USA. In den einzelnen Abschnitten seines Buches befaßte er sich unter anderem mit „Boden und Menschen", „Arbeit und Werkstätten", „Arbeiter-Vereinigungen und Industrieverbänden", den Steuerverhältnissen, der geplanten Weltausstellung in St. Louis und dem Trustwesen. Der Titel des Buches lautete „Das Land der unbegrenzten Möglichkeiten. Beobachtun-

---

30 Ernst Mendelssohn-Bartholdys an Karl Mendelssohn Bartholdy, 05. 11. 1869. SBB PK, MA, Nachl. 1, 2, Nr. 191.

31 Da das Buch (siehe Anm. 7) sich neben dem deutschen auch an das deutschsprachige Publikum in den USA richtete, erschien es nicht nur bei F. Fontane & Co. in Berlin und Leipzig, sondern parallel auch bei Brentano's in Chicago, New York und Washington. Zur Person Goldbergers siehe Hans-Henning Zabel: Goldberger, Max; in: Neue Deutsche Biographie 6 (1964), S. 603f.

gen über das Wirtschaftsleben der Vereinigten Staaten von Amerika".[32] Damit prägte Goldberger, der die USA im selben Buch auch als „Zaubergarten" bezeichnete, ein Schlagwort, das bis in die heutige Zeit überdauert hat.

Kapitel VIII des Buches handelt „Von den Eisenbahnen" und erhellt, warum Ernst Mendelssohn-Bartholdy dreißig Jahre früher vor Finanzinvestitionen in US-Eisenbahnfinanztitel gewarnt hatte. Begünstigt durch die föderative Anti-Monopol-Gesetzgebung war es in den Anfangsjahrzehnten des Eisenbahnwesens in den Vereinigten Staaten zu einem „Ratenkrieg" gekommen, zu einem ständigen Unterbieten der Konkurrenten durch Rabatte und Niedrigsttarife, was „in jahrelangem erbitterten Kampf größtenteils zur völligen Entwertung der Eisenbahn-Unternehmungen beziehungsweise ihrer Aktien und Bonds geführt hatte."[33] Die Situation änderte sich ab der Jahrhundertwende, als es zu Absprachen und Zusammenschlüssen zwischen den Gesellschaften kam, in deren Folge sich nicht nur deren wirtschaftliche Situation konsolidierte, sondern auch die Aktienkurse für Eisenbahnwerte einen bemerkenswerten Aufschwung nahmen.

Andere Charakteristika des US-Eisenbahnwesens hatten sich seit Mendelssohn-Bartholdys Zeiten wenig geändert. Auch Goldberger berichtete:

> Der Verkehr auf den Eisenbahnen selbst entbehrt namentlich außerhalb des Lokalverkehrs vielfach organischer Disziplin. Pünktliches Eintreffen von Fernzügen ist im allgemeinen selten gewährleistet. Verspätungen, die zwischen einer halben Stunde bis zeitweilig 15 Stunden und darüber schwanken, gehören zu regelmäßigen Vorkommnissen; [...] auch in der Konstruktion der Schienenwege herrschen drüben von den unsrigen völlig verschiedene Verhältnisse. Wie ist da vieles einfach und leicht hingeworfen! Der Unterbau oft dünn und schwankend, die Oberführungen über langausgedehnte Schluchten oder sumpfartige Strekken aus Holz, die Gleisstärke vielfach ungleich, an scharfen Kurven auseinanderklaffende Stellen! Zugleich eine Waghalsigkeit, die den mutigsten Menschen schaudern macht. [...] In den Eisenbahnzügen selbst, die im Innern mit dem raffi-

---

32 Siehe Anm. 7. Im Jahr des Erscheinens gab es bereits sechs Auflagen.

33 Goldberger, Land der unbegrenzten Möglichkeiten (wie Anm. 7), S. 118.

> niertesten Luxus, mit jedem nur denkbaren Komfort und zugleich mit einer mustergültigen Sauberkeit ausgestattet und ausgerüstet sind, ist der einzelne Reisende oft ganz hilf- und schutzlos. Der Eisenbahnkondukteur gibt, wenn überhaupt, nur mürrisch Auskunft, der Kondukteur der Pullman- (Speise- und Schlaf-) Wagen wird nur freundlich, wenn man sich ihm mit klingenden Freundlichkeiten nähert, der farbige Diener, der im Schlafwagen aufwartet, fühlt sich in naiver Vertraulichkeit als durchaus gleichberechtigter Staatsbürger, der in allen Wagenabteilungen (mit Ausnahme der „drawing rooms a oder „compartments") ungeniert Platz nimmt. Der in vielen Zügen allerdings zu großer Bequemlichkeit mitreisende „barber" ist oft zugleich Chef des Gepäck- und Postwagens und vernachlässigt hierdurch entweder den Kunden oder, was weit schlimmer ist, das Gepäck und die Post. Ich habe es während einer Reise im Südwesten miterlebt, daß auf einer kleineren Station der „barber" den gerade unter dem Messer befindlichen Kunden zu Ende behandeln wollte und es ruhig unterließ, Gepäck und Post hinauszureichen.[34]

Mitte September 1869 betraten Ernst Mendelssohn-Bartholdy und Ernst Westphal in Cherbourg, an der französischen Nordküste, wieder europäischen Boden und kehrten über Paris nach Berlin zurück. Ernst Westphal setzte seine Karriere im Staatsdienst fort. Er blieb zunächst am Stadtgericht Berlin und avancierte dort 1872 zum Stadtgerichtsrat. Zwei Jahre später brach er jedoch seine Staatskarriere ab und wechselte in die Direktion der Berlin-Hamburger Eisenbahngesellschaft, jener Gesellschaft, die 1841 von Mendelssohn & Co. mitbegründet worden war und an der die Mendelssohn-Bank vermutlich noch immer Anteile hielt. 1884, als der preußische Staat die Eisenbahn vollständig übernahm, schied Ernst Westphal aus dieser Position aus.[35] Der weitere Lebensweg Westphals liegt bislang im Dunkeln.

---

34 Goldberger, Land der unbegrenzten Möglichkeiten (wie Anm. 7), S. 127–130.

35 Die biographischen Angaben zu Ernst Westphal entstammen den Berliner Adreßbüchern der Jahre 1870–1884.

Ernst Mendelssohn-Bartholdy trat am 1. November 1869[36] ins Familienbankhaus Mendelssohn & Co. ein. Sein Weg führte steil nach oben: 1871 wurde er Teilhaber, 1889 Seniorchef der Firma. Der wohl wichtigste internationale Schwerpunkt der Bank unter seiner Teilhabe und Leitung lag allerdings weiterhin, wie bereits seit den 1850er Jahren, im Osten, im Rußland-Geschäft. Ob dabei die skeptische Einschätzung US-amerikanischer Firmen durch Ernst Mendelssohn-Bartholdy eine Rolle spielte oder ob das US-Geschäft bereits von anderen Firmen besetzt war, läßt sich bislang nicht klären. Ein Schwerpunkt im Rußlandgeschäft lag ausgerechnet in der Finanzierung von Eisenbahnlinien. Offensichtlich schätzte Mendelssohn-Bartholdy diese Investitionen im Reich der Romanows als weitaus solider und zukunftsträchtiger ein als ihre US-amerikanischen Gegenstücke. Im Geschäft mit Rußland festigte Ernst Mendelssohn-Bartholdy nicht nur die Position seiner Firma in Deutschland und Europa und stieg persönlich zu einem der wohlhabendsten Berliner seiner Zeit auf, der sich im Stadtzentrum ein Palais bauen ließ, vor den Toren der Stadt ein Landgut erwarb und 1896 erfolgreich um seine Nobilitierung durch den preußischen König nachsuchte.[37] Auch auf politischer Ebene halfen seine Kontakte zu führenden russischen Politikern sowie zum russischen Kaiserhaus wiederholt, diplomatische Klippen zu umschiffen, so 1904 bei der Ausarbeitung des deutsch-russischen Handelsvertrages.[38]

---

36 Ernst Mendelssohn Bartholdys an Karl Mendelssohn Bartholdy, 05. 11. 1869. SBB PK, MA Nachl. 1, 2, Nr. 191.

37 Zum Vermögensstand siehe: Jahrbuch des Vermögens und Einkommens der Millionäre in Berlin; Berlin: Martin 1913, S. 182–186. Zum Stadtpalais in der Jägerstraße 53 siehe Ernst Siebel: Das ehemalige Stadtpalais von Ernst von Mendelssohn-Bartholdy in der Jägerstraße 53. Eine Annäherung an ein zerstörtes Gebäude; in: Mendelssohn-Studien 13 (2003), S. 305–343. Zum Landgut Börnicke siehe Julius H. Schoeps: Enteignet durch die Bundesrepublik Deutschland. Der Fall Mendelssohn-Bartholdy. Eine Dokumentation; Bodenheim b. Mainz: Philo 1997. Zur Nobilitierung siehe Dieter Hertz-Eichenrode: „Eure Majestät wolle geruhen, mir den erblichen Adel zu verleihen."; in: Mendelssohn-Studien 13 (2003), S. 227–257.

38 Siehe u. a. Brief Ernst von Mendelssohn-Bartholdys an Reichskanzler Bernhard von Bülow vom 01. 11. 1904, SBB PK, MA Nachl. 16, 13. Ein weiteres Beispiel für die Vermittlerrolle Ernst von Mendelssohn-Bartholdys zwischen dem russischen und dem preußisch-deutschen Herrscherhaus findet sich in den Memoiren des zeitweiligen russischen Ministerpräsidenten Sergej Witte: Erinnerungen; Berlin: Ullstein 1923, S. 156.

Nach dem unerwarteten und schnellen Tod Ernst von Mendelssohn-Bartholdys am 25. Dezember 1909 vermeldeten die Zeitungen Anfang 1910:

> Der verstorbene Wirkliche Geheime Rat
>
> ERNST VON MENDELSSOHN-BARTHOLDY
>
> hat, wie Adolph Kohut in der Neuen Freien Presse mitteilt, Aufzeichnungen hinterlassen, die bald veröffentlicht werden sollen. Sie dürften ‚voraussichtlich nicht allein für die Dynastie Mendelssohn, sondern auch für die politische und Kulturgeschichte unserer Zeit von außerordentlichem Werte sein.' Kohuts Versuche, den Geheimrat zu bewegen, daß er diese Memoiren noch bei Lebzeiten erscheinen lasse, führten leider zu keinem Erfolg.[39]

Es stand zu erwarten, daß sich die ersten Abschnitte der Lebenserinnerungen der Kindheit, Jugend, den ersten Berufsjahren – und der USA-Reise zuwenden würden. Der Reisende selbst hätte Aufschluß gegeben über die Vorgeschichte, die Hintergründe und die Nachwirkungen seinen Aufenthalts in Nordamerika. Leider sind die Memoiren nie erschienen, auch das Manuskript ist verschollen.

Für die Mendelssohns blieb die Reise Ernst Mendelssohn-Bartholdys nach Nordamerika zunächst eine Episode ohne tiefergehende Auswirkung. Nach dem 1. Weltkrieg jedoch änderte sich die Beziehung der Mendelssohn-Bank zu den USA. Die alten Rußland-Kontakte waren durch die bolschewistische Machtübernahme 1917/18 wertlos geworden. Gleichzeitig befanden sich die USA unverkennbar auf dem Wege, Großbritannien als führende Wirtschafts- und Finanzmacht der Welt abzulösen. Unter diesen neuen Bedingungen gelang es den Mendelssohns, umfangreiche und belastbare Geschäftskontakte zu US-Firmen aufzubauen. Als das Deutsche Reich 1929 einen Kredit in Höhe von 210 Millionen Reichsmark benötigte, konnten Mendelssohn & Co. ein Bankenkonsortium mit den Juniorpartnern Deutsche Bank und Reichskreditgesellschaft aufstellen und Gelder von einem US-Bankenkonsortium nach Deutschland transferieren.[40] Dem US-Konsortium unter der Leitung der New

---

39 BZ am Mittag 1910, Nr. 9 (12. Januar). Ähnliche Informationen erschienen in verschiedenen Berliner Zeitungen.

40 Zu diesem Vorgang siehe Bundesarchiv (BArch), R 2, Nr. 2450.

Yorker Bank Dillon, Read & Co., eines der führenden New Yorker Investment-Häuser der 1920er Jahre,[41], gehörten einundzwanzig weitere ausländische, vornehmlich US-amerikanische Banken an. Beziehungen wie diese ermöglichten es Mendelssohn & Co. nach 1933, relativ lange dem Druck der Nationalsozialisten standzuhalten, die die Zufuhr ausländischer Devisen nicht gefährden wollten. Als Ende 1938 die Liquidation der jetzt als „jüdisch" diskriminierten Bank dennoch unabwendbar wurde, wählten die beiden gefährdetsten Teilhaber, Rudolf Loeb und Paul Kempner, die USA als Zielland ihrer Emigration.

---

41 Dillon, Read & Co., deren Ursprünge auf das Jahr 1832 zurückgehen, verloren in den folgenden Jahrzehnten an Gewicht und wurden, inzwischen unter dem Namen Dillon Read, 1997 vom Schweizerischen Bankverein übernommen, welcher im folgenden Jahr in der UBS aufging. Dillon Read wurde mit der 1995 erworbenen Londoner Investmentbank S. G. Warburg zusammengelegt und bis 2000 als Marke SBC Warburg Dillon Read (WDR) weitergeführt.

Inhalt

Der Originaltext wurde ohne Änderungen in Orthographie und Interpunktion übernommen. Lediglich offensichtliche Druckfehler wurden stillschweigend korrigiert.

Canada
WASHINGTON TERRITORY
Columbia
OREGON
MONTANA TERRITORY
Rocky
DAKOTA TERRITORY
IDAHO TERRITORY
Mountains
WYOMING TERRITORY
NEBRASKA TERRITORY
14. AUGUST →
← 21. JULI
← 14. JULI
Wahsatch
Rawlins
Uintah
Laramie
Cheyenne
North Platte
Sacramento
Salt Lake City
Sherman
NEVADA ENLARGED
Stockton
San Francisco
Bear Valley
31. JULI →
Yo-Semite
3. AUGUST
Mariposa
UTAH TERRITORY
Rocky
COLORADO TERRITORY
KANSAS
CALIFORNIA
Vereinigte Staaten
Mountains
Colorado
ARIZONA TERRITORY
NEW MEXICO TERRITORY
Red River
TEXAS
Stiller Ozean
Mexico